FINANCIAL ACCOUNTING

コンパクト
財務会計

クイズでつける読む力

小栗崇資【著】
OGURI,TAKASHI

第2版

JN059543

中央経済社

は じ め に

　本書は，財務会計を学ぶ初心者向けのテキストです。財務会計とは，外部の
関係者に企業経営に関する報告をするための，企業の会計のことをいいます。
その場合，財務諸表によって報告が行われるので，財務会計の学習は主として，
財務諸表について学ぶことになります。財務諸表の学習でめざすのは，「作る力」
と「読む力」の修得です。

　「作る力」をつけるには，複式簿記の学習が不可欠です。複式簿記とは，独
特の計算方法による帳簿の作成方法をいいます。さらに帳簿から財務諸表が作
られるので，その作成における会計処理方法の学習も必要になります。財務諸
表作成の方法は会計ルールにもとづいているので，法や会計基準における会計
ルールについても知っておかなければなりません。そうした学習の到達度は，
様々な資格試験によって測られます。

　一方の「読む力」はどうでしょうか。本書は，「作る力」ではなく「読む力」
をつけることを特徴としています。「読む力」は必ずしも複式簿記を前提とし
ていません。入手可能な財務諸表を見て，企業の経営状態がある程度理解でき
るようになれば，「読む力」がついたことになります。多くの人たちはビジネス・
パーソンとして企業で働くことになるわけですが，自社や他社の財務諸表を読
むことができれば仕事に役立ちますし，仕事の内容をより豊かにすることがで
きます。専門家をめざすのでなければ，「読む力」こそが，社会人に必要な力
であるといっても過言ではありません。

　「読む力」は，財務諸表を作る場合の難解な専門知識がなくてもつけること
ができます。「作る力」をつけるには専門的な用語や方法について暗記も必要
となりますが，「読む力」では推理力や分析力が重要な役割を果たします。何
が表示されているかについての最小限の専門知識を身につけて，それにもと
づいて理解することができれば，「読む力」を使いこなすことができるはずです。
本書は資格取得のためのテキストではなく，そうした「読む力」をつけるため
のテキストをめざしています。

　また本書のもう1つの特徴は，各章の冒頭で「クイズ」にチャレンジしても

らうようにしたことです。クイズはその章で学ぶ基本的な考え方について問うものです。クイズでよくわからない質問もあるでしょうが，それでも構いません。まずは，自分なりに答えを考えてから，本文を読んでいただければと思います。それは「読む力」をつけるための推理力や分析力を養うことになるはずです。会計は暗記科目と思われがちですが，考える力をつけることが重要だと筆者は考えています。また疑問に思うことも必要です。本書では単なる解説ではなく，筆者なりの観点からいくつかの財務会計の問題点も提起しています。読み物としても興味をもって読み，問題意識を持っていただければと思います。

　筆者なりに長年の教育の中で，こうしたテキストが必要ではないかと感じていたので，試行錯誤の中からようやく本書のようなテキストを作りあげることができました。また本書は，筆者が研究書として刊行した『株式会社会計の基本構造』の中で筆者なりに解明した会計の構造を，初心者にわかりやすく伝えるための試みでもあります。

　作家，井上ひさし氏の言葉である「むずかしいことをやさしく，やさしいことをふかく，ふかいことをおもしろく」というようになればと願っていますが，本書の執筆を通じて，それがいかに大変かということを痛感しています。

　本書は2016年に初版を出版後，各方面でお使いいただき何度かの増刷を重ねることができました。今回，初版の成果にもとづき，第2版を刊行する運びとなりました。初版は書名にあるように学習の要点をコンパクトに表わすことに力を注いだ関係で，省略した問題や論点がありましたし，初版出版後の期間において財務会計の新たな展開もありました。そうした点に対応するべく見直しを行い，紙幅の許す限りですが，内容をバージョンアップしました。

　こうした第2版が初版と同様に，財務諸表を「読む力」をつけるのに役立つことを願うばかりです。初版にも書きましたが，本書によって「会計は面白い」と思っていただける方が少しでも増えることになれば幸いです。

　最後に，本書の出版をお引き受けいただいた中央経済社代表取締役社長の山本継氏，および編集の労をとっていただいた長田烈氏に心よりお礼を申し上げたいと思います。

2024年2月

小栗崇資

目　次

第4章　利益の計算方法と企業会計の考え方

第5章　貸借対照表の仕組みと見方

IV

序　章

利益とは何か

❓ クイズで考えよう

（各章ごとにクイズを出すので，楽しみながら考えてみてください）

＜問題1＞　あなたは簿記ができますか？

（1）できない　　（2）できる（どういう簿記ですか？）

＜問題2＞　現金10万円で原価1,000円の商品を100個仕入れ，売価2,000円で70個販売して現金14万円を受け取りました。利益はいくらでしょうか？

（1）4万円　　　（2）7万円　　　（3）14万円

＜問題3＞　原価1,000円の商品が在庫として100個あります。さらに現金14万円で同じ商品を原価1,400円で100個仕入れて在庫とあわせて販売し，売価2,000円で150個売り上げ現金30万円を受け取りました。利益はいくらでしょうか？

（1）11万円　（2）12万円　（3）13万円　（4）16万円

＜問題4＞　A会社は元手10万円で原価1,000円の商品を100個仕入れ，売価1,500円で80個販売しました。他方，B会社は元手20万円で原価2,000円の商品を100個仕入れ，売価3,000円で70個販売しました。どちらが利益を生む力のある企業でしょうか？

（1）A会社　　　　（2）B会社

1 ▌簿記と会計について

　会計（accounting）とは何でしょうか。簿記から会計が生まれたと考えられるので，簿記（bookkeeping）と一緒に，簿記・会計として一体的に学習することが重要です。そこでまず簿記について見てみましょう。
簿記には「単式簿記」と「複式簿記」があります。＜問題1＞であなたは「できる」「できない」のどちらを答えましたか。簿記はできないと答えた人が多いと思いますが，それは複式簿記ができないのであって，皆さんは単式簿記はできるはずです。

　実は，単式簿記は算数の知識があれば誰でも行うことができます。単式簿記とは，お小遣い帳や家計簿のように主として現金の収入・支出を記録・計算する帳簿方法です。単式簿記は現金などの財産の増減を管理するのに向いています。皆さんの中には，サークルなどの所属する団体で会計係を担当した経験のある人もいるはずです。自治体や国の財政も単式簿記の方法で成り立っているので，簡単なように見える単式簿記は社会のいろいろな場所や組織で使われている重要な方法といえます。

　しかし本書では，簿記という場合は複式簿記を意味し，会計は財務会計すなわち企業会計を指すものとしておきます。どう違うのでしょうか。単式簿記が財産の管理に向いているとすると，複式簿記やその中から発展してきた企業会計は利益の計算に向いているということができます。企業では財産の管理は重要ですが，企業財産の運用によって生まれる利益のほうが重要となります。企業は利益を得ることを目標にしているからです。したがって本書で学習する財務会計では，利益の計算をどのように行うかが重要なテーマとなります。

2 ▌利益について考える

利益の不思議さ──「利益は目では見えない」

　そこでまず，クイズを手がかりに利益とは何かについて考えてみましょう。クイズの＜問題2＞の正解は2番目の「7万円」です。

　かなりの人は1番目の「4万円」と答えたのではないでしょうか。4万円と答えた人は，最初にあった現金10万円が14万円になったので，その差額の4万円を利益と考えたのではありませんか。しかし利益は商品を売った努力の結果ですので，こう考えてみましょう。例えば商品1個の場合，原価1,000円のものを2,000円で売れば利益は1,000円です。それが努力の結果として70個売れたのですから，利益は7万円（1,000円×70個）ということになります。

　ここに利益の不思議さを感じていただきたいと思います。それは「利益は目では見えない」ということです。4万円は現金の差額（14万円−10万円）として目で見て実感できますが，7万円はあくまでも計算の中でしか把握することができません。現金が14万円に増えていますが，その中にどのくらいの利益が含まれているかは計算によってしかわからないのです。目では見えない利益ですが，企業の存続にかかわる重要な存在です。そうした利益を手に入れるために，企業は努力し競い合っているのです。

　＜問題3＞はどうでしょうか。正解は2番目の12万円と3番目の13万円の2つです。どちらか一方ではなく2つとも選んだ場合のみ正解となります。150個を販売する場合，在庫の100個（原価1,000円）と新しく仕入れた商品のうちの50個（原価1,400円）を一緒に販売するパターンと，2つの種類を混ぜて原価を平均化して（原価1,200円で）販売するパターンの2つがあります。

　前者では，原価の合計が，17万円（〔1,000円×100個〕＋〔1,400円×50個〕）となるので，売上30万円から差し引くと13万円が利益となります。後者では，原価の合計が18万円（1,200円×150個）となるので，12万円が利益となります。

　なお，以前は1番目の11万円も正解でした。新しく仕入れた商品100個と在庫のうちの50個を販売するパターンです。その場合，原価の合計が19万円となるので，11万円が利益となります。インフレ時に利益の流出を防ぐ計算方法として考案されましたが，現在では認められなくなっています。

利益は1つではない

　ここにも利益の不思議さがあります。利益は1つではなく，計算方法によって利益を変えることができるという点です。企業は可能な方法の中から，判断をして利益を多く示そうとしたり，少なくしようとしたりするのです。利益が

計算の中でしかつかめない性格であることが、こうした特徴を生むともいえます。それが許容範囲を超えて違法な方法をとると粉飾決算という犯罪になります。許容範囲を決めるのが会計ルール（法や会計基準）です。本書では様々な会計ルールを学習することになります。

　＜問題4＞は2つの企業のデータから利益を生む力を比べる問題です。利益を計算するとA社は4万円、B社は7万円となります。金額的にはB社が多いのですが、利益を生む力を見る場合にはどうなるでしょうか。

　それには元手と比べてみる必要があります。元手のことを簿記会計では「資本」といいます。元手＝資本はA社が10万円、B社が20万円ですから、利益を資本で割って（利益／資本）パーセントで示すと、A社は40％、B社は35％となって、答えとしてはA社のほうが良いことがわかります。利益を資本で割る公式（利益／資本×100％）を、「資本利益率」といいます。資本利益率によって収益力（利益を生む力）を測ることができるのです。資本利益率からみればA社のほうがB社を上回っているということになります。

　資本利益率の歴史は長く、今日でも企業の収益力を判断するもっとも重要な指標の1つとして使われています。企業会計では、どのくらいの元手（資本）によってどのくらいの利益が生み出されたかをつかむことが重要となります。したがって本書では資本利益計算について学習することが基本となります。

　本書を通じて、利益とは何か、資本とは何か、会計とは何かを好奇心をもって学習していただければと思います。

第1章

簿記・会計とは何か

❓ クイズで考えよう

<問題1> 複式簿記では次のように，左側を借方（かりかた），右側を貸方（かしかた）と呼んで，左右に金額を記入しますが，それについて正しい説明はどれでしょうか？

＊参考　（お金を貸した場合）　　　（お金を借りた場合）

借方	貸付金	貸方
	1,000	

借方	借入金	貸方
		800

（1）借方は借りを意味し，貸方は貸しを意味することから始まった。

（2）翻訳の間違い，なぜならば借方に貸付金が入り，貸方に借入金が入るから。

（3）プラスとマイナスを意味する（翻訳が上手くされなかったから）。

（4）２つに分けることに意味があるので，左右でも上下でもよい。

（5）帳簿の左右のページに分けて書いたことから左右となった。

（6）右手が貸す時の手，左手が借りる時の手とされたから。

<問題2> 簿記と会計との違いはあるかないか，どちらでしょうか？

（1）簿記と会計の違いはない。

（2）財務諸表を扱うのが会計なので簿記とは違う。

（3）会計は簿記なしでもできるので別ものである。

<問題3> 会計の説明としてどれが正しいでしょうか？

（1）会計には利益の計算とその報告・説明を行う役割がある。

（2）会計は企業以外の組織では必要とされない。

（3）企業の環境や社会に対する取組みについての情報提供も会計である。

1 ▌ 複式簿記とは何か

この章と次の章では簿記・会計と会社の関係について考えてみましょう。まず最初に複式簿記と会計について見ておきたいと思います。複式簿記の仕組みの中に会計の謎を解くカギがあります。

複式とは二重記入

複式簿記（double entry bookkeeping）の複式とは，二重記入（double entry）のことです。二重記入とは，「同じこと」を二面から見て記録することを意味します。企業の活動は不思議なことに必ず二面で表わされます。

例えば，①「出資者が1,000万円を出資し，現金が会社に入った」という場合は，現金が増えたという面だけではなく，出資があった（どこから現金が来たか）という面も記録しなければなりません。したがって，次のように左右に分けて二重に示します（仕訳といいます）。

① 現 金 1,000万円 ／ 資本金 1,000万円
＊企業の財産（現金や商品，備品など）の増加を左側に記入し，そうした資金の出所を右側に記入するルールになっています。

また，②「銀行からお金を1,000万円借り，現金が会社に入った」という場合は，銀行からお金を借りたこと（どこから現金が来たか）を示すために，やはり次のような二重記入になります。

② 現 金 1,000万円 ／ 借入金 1,000万円
＊記入のルールは上と同じですが，現金の出所が銀行からの「借入金」となります。

このようにただ現金が増えたということだけでなく，必ずその現金がどこから来たかを，「資本金」（出資の場合）や「借入金」（借りた場合）という用語で示す必要があります。企業はお金を運用する場合，必ずその出所を把握し，

出資の場合には出資者に配当金（利益の分け前）を渡したり，借りた場合には利息を付けてお金を返済したりする責任があるからです。言い方を換えれば，企業は外部の人や市場，組織との間でお金のやりとりをしなければならず，それを記録していかなければならないのです。その場合，必ず二重記入が不可欠となります。

借方と貸方の意味

　このとき，左側を借方（かりかた），右側を貸方（かしかた）という独特の用語でいいます。この借方，貸方という用語は文字どおり，お金の貸し借りから生じています。

　今から800年前ころ，停滞していたヨーロッパにおいて十字軍の遠征などを契機に北イタリアの都市国家（ヴェネツィア，フィレンツェなど）が地中海貿易を通じて商業を発展させはじめたとき，お金の貸し借りを盛んに行うようになりました。後にトラブルにならないようにするために，貸し借りを借方，貸方という用語を使って帳簿につけたのが複式簿記誕生のきっかけです。帳簿の方法として，「勘定」（account）という記録の仕組みが考案されました。

　事業者がA商人にお金を貸したり借りたりする場合，帳簿における見開きの左右のページがそのA商人にとっての計算場所だと考えて，左側のページを

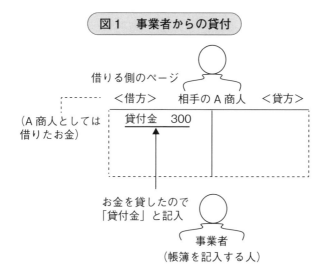

図1　事業者からの貸付

借りる側のページ
＜借方＞　　相手のA商人　　＜貸方＞

（A商人としては借りたお金）

貸付金　300

お金を貸したので「貸付金」と記入

事業者
（帳簿を記入する人）

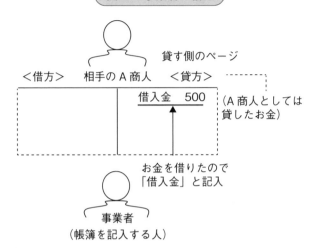

A商人にとっての借りる側(借方),右側のページをA商人にとっての貸す側(貸方)と見て,そこに事業者からの立場(帳簿を記入する立場)で記入しました。

　図1のように,事業者が相手のA商人に貸した貸付金300は,A商人の借方のページに「貸付金」として事業者が記入します。なぜ借方かといえばA商人にとっては借りる側だからです(A商人は事業者から貸付金を借りた形となる)。

　同じようにA商人から事業者がお金を借りる場合,図2のようにA商人の貸方のページに「借入金」として事業者が記入します。なぜならばA商人にとっては貸す側だからです(A商人の貸付は事業者にとっては借入金という形となる)。

人間を表わしていた勘定

　当初は人間を表わしていたA商人のような人名による勘定(人名勘定という)を一般化したのが,今日の「勘定」です。勘定とは,左と右で増減の金額を記録する計算単位のことをいいます(プラス・マイナスを記号を使わずに場所で区別する独特の単位)。帳簿のページを簡略に示した「T字」形式(Tフォーム)で表現されます。最初は,借りることを意味していた借方ですが,そこに

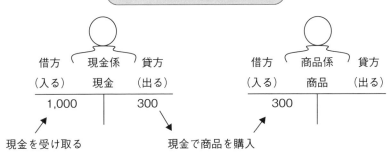

図3　現金係と商品係の勘定

お金が入ってくる形になるので，次第に借方は受ける側（入る側）を意味するようになりました。また貸すことを意味していた貸方も，そこからお金が出ていく形になるので，後に貸方は渡す側（出る側）を意味するようになりました。

　そして企業の取引が拡大して，様々な取引が勘定を使って表現されるようになると，例えば上の図3のような，現金勘定，商品勘定が考案されるようになりました。勘定は最初は人間を表わすものだったので，現金は現金係，商品は商品係というようにイメージされました。

　図3のように，現金係はまず現金1,000を受け取ります。借りた形なので借方に1,000を記入します。その後，商品を仕入れるため現金300を支払います。現金係からの支払いは，貸した形なので貸方に300を記入します。同じように，商品係は購入された商品を受け取るので，借方に300と記入するわけです。その時，商品係の左側に300，現金係の右側に300となるので，左右の記入を示す形で，次のように二重に記録がされます。

③　商 品　300　／　現 金　300

　＊この場合，現金が減ってその分の商品が増えただけなので，企業の財産の額は変化していません。企業の財産の増は左側，企業の財産の減は右側に記入するのがルールです。

　現金係の勘定も商品係の勘定もいずれも，借方の受け入れから始まる勘定です。その結果，借方側が現金や商品などの財産の増加，貸方側が財産の減少を表わすようになりました。こうした借方から始まる勘定を借方残高勘定といい

ます。

　現在は「係」とはいいませんが，勘定の成り立ちの際にはそこに人間がイメージされたということを覚えておいてください。

　💡　クイズ＜問題１＞の正解は（１）（５）となります。最初は借りと貸しを意味したからですし，帳簿の左右に分けて書いたからです。さらに上下に書かれた帳簿も見つかっていますので，実は（４）も正解となります（これは難問でしたね）。（２）（６）は間違いであることは上記のとおりですが，（３）を正解とした人がいるかもしれません。複式簿記の勘定では，数字の記号（＋／−）を使わず，左右の場所でプラス，マイナスを区分するので，正解と考えたかもしれません。しかし，勘定によっては借方がプラスとなることもあるし，マイナスとなることもあるので，借方・貸方とプラス・マイナスを結びつけるのは間違いです。

複式簿記の始まり──貸方勘定の誕生

　それでは，①の仕訳で見たような現金の最初の1,000はどこから来るのでしょうか。事業が個人ではなく複数の出資者からなる共同事業の場合，個人では必要なかった出資の記録が不可欠となります。なぜならば出資金の返還や利益の分配が求められるからです。そこで図４のような出資者の勘定が作られました。出資者の勘定の特徴は，貸方から始まるという点にあります。なぜなら出資者は企業にお金を貸す形になるからです。

　図４のような貸方から始まる勘定を貸方残高勘定と呼びます。いつも貸方に金額が残る形（貸方残高という）となるからです。それに対して現金や商品の勘定は，上で見たように借方から始まる借方残高勘定です。貸方残高勘定は，貸方側から企業へお金が貸し出され，企業がお金を預かった形となるので，借方残高勘定とは逆に，貸方が増加で借方が減少を意味するようになりました（借方側の記入はお金を返して貸し出されたお金が減るので減少となる）。

　図のように，お金が投入され共同事業が始まる状況が，出資者の側では貸方（出る側）に1,000と記入し，企業の側では（現金係が受け取ると想定して）借方（入る側）に記入するという二重の記入で表現されるようになりました。これが複式簿記の始まりです。企業の財産を表わす借方残高勘定しかないところに貸

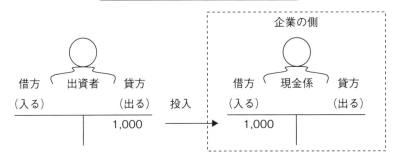

図4　貸方から始まる出資者の勘定

方残高勘定が考案された結果，２つの勘定の間での二重の記入が「(借方) 現金 1,000 ／ (貸方) 出資者1,000」とされるようになり，後に「出資者」が「資本金」に変わり，先の①のように左と右に対応する形で行われるようになったのです。

　出資者の勘定と同様に，企業にお金を投入する債権者 (お金を貸す人) の勘定 (借入金) も貸方残高勘定です。二重記入のやり方は，①と同じような②の形となります。また二重記入は借方残高勘定の間でも行われるようになりました。現金が減って商品が増えるというような，③の二重記入がそれです。そのようにすべての企業の活動が二重記入によって表わされるようになったのが複式簿記です。

2 ▊ 会計とは何か

利益を計算するのが簿記・会計

　そうした中で，一番重要なことは複式簿記によって企業の利益を計算することができるようになったという点です。利益が計算できるのは出資の金額 (資本) が明確だからです。利益の計算の仕組みは第４章で学習しますが，複式簿記は，出資 (資本) を確定することと，二重記入によって企業の活動を把握することによって，企業の利益を計算する能力を得たということができます。

　図4のように複式簿記は出資者と企業 (経営者) との関係から生まれました。その関係を表わすのが二重記入でしたが，二重記入だけでは終わりません。出資者は自分が投入した資本がどのように利益を生み出したかを知りたいので，

図5　複式簿記から会計への発展

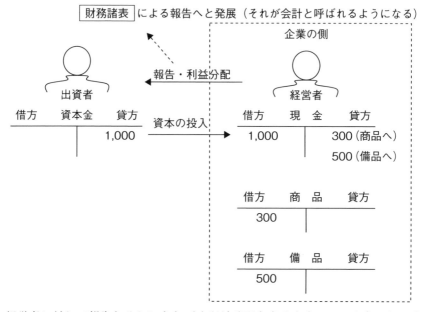

財務諸表 による報告へと発展（それが会計と呼ばれるようになる）

経営者に対して報告とそれにもとづく利益分配を求めます。このようにして生まれた複式簿記は，やがて図5のように会計へと発展していきます。

　最初は，経営者が帳簿を見せて説明をしていましたが，共同事業が会社形態をとり株式会社へと発展すると，帳簿とは別に「財務諸表」が作られるようになりました。多くの株主に帳簿を見せることが難しいので，その要約を「財務諸表」としてまとめるようになったのです。やがて商法や会社法という法律も作られ，企業から出資者（株主）への財務諸表による報告が義務づけられるようになりました。それが会計です。

　　クイズ＜問題２＞の正解は（２）となります。簿記と会計は一体的なものですが（１）のように「違いはない」としてしまうのは間違いです。財務諸表が作られるようになったので簿記が会計へ発展したといえます。（３）は正しいとはいえませんが，そう考える人も出てきており，新しい会計の考え方の傾向を表わしているかもしれません。

会計とは計算や報告・説明の意味

　簿記という言葉は bookkeeping という英語で表現されるように記録（帳簿をつける）という側面が示されますが，会計は accounting という表記がなされます。account は計算という意味や報告・説明（account for で「説明する」）という意味をもっているので，記録というよりも利益を計算して報告するという側面を会計という言葉で表わすようになりました。二者（出資者と経営者）の関係から始まった複式簿記が，会社形態の発展の中で，二者の間での報告や利益分配のための会計として発展していったのは当然のことだったといえます。会社を設立し経営していくために会計が求められたのです。

　したがって会計（簿記を含む）は，人間の経済活動に不可欠な行為であるといえます。会計のない経済活動はありえません。企業にとっては，会計によって資金や利益の計算ができないと円滑に経営することができません。株主にとっては，会計を通じて利益の報告を受け利益の分配がなされないと出資を続けることができません。債権者にとっては，会計によって企業の返済能力がわからないと安心して資金を貸すことができません。投資家にとっては，会計情報がないと投資（株の売買）ができず証券市場が機能しなくなります。証券市場が機能しないと資本主義経済は成り立ちません。会計は，様々な人たちが会社を通じて，資金を動かし経済活動を行っていくうえでなくてはならない最重要な情報であるといえます。

企業会計の役割──分配会計と情報会計

　そうした側面を会計がもつことから，企業会計には2つの役割があるということができます。

　　利益分配の役割──利害調整機能（分配会計）──会社法により規定
　　情報提供の役割──情報提供機能（情報会計）──金融商品取引法により規定

　1つ目は，利害関係者に対して，利益の計算を通じて分配を行うという役割です。利害関係者の間で利益分配を行うには利益を正確に計算しなければなりません。そのうえで利害関係者の間で利害対立が起きないように，利益の分配

を適正に行うことが必要になります。それを会計の「利害調整機能」といい，そうした機能をもつ会計を「分配会計」と呼びます。分配会計についての規則を定めるのは，次章で見る会社法です。

　2つ目は，利害関係者に対して，報告や説明によって利益や財産についての情報の提供を行う役割です。1つ目の分配においても利害関係者の了承を得るには報告や説明が必要であるので，本来，「分配」には「情報提供」が伴っていたのですが，証券市場の発展により株式等の売買を主目的とする投資家が生まれてくると，不特定多数の人たちのための株式売買に役立つ会計情報の提供が求められるようになりました。特定の株主や債権者への報告・説明とは異なったレベルの情報提供の仕組みが必要となったのです。それを会計の「情報提供機能」といい，そうした機能をもつ会計を「情報会計」と呼びます。情報会計についての規則を定めるのは，次章で見る金融商品取引法です。

会計の種類

　会計は企業だけでなく様々な組織でも使われています。どのような会計の種類があるか，組織との関係を含めて見てみましょう。

組織と会計の種類

	企業組織 （営利・独立採算）	非営利組織
民間組織	企業会計	学校法人会計，NPO 会計等
公的組織	公企業会計	公会計（政府・自治体会計）

　民間組織であり営利を目的とする企業組織としての会社等で行われるのが，本書で扱う「企業会計」です。それに対して，公的ではあるが独立採算事業を目的とする企業組織で行われるのが「公企業（公営企業）会計」です。自治体や第3セクターが運営する，水道や病院，鉄道，バスなどの企業（公企業・公営企業という）で行われています。独立採算を目的とするので，企業会計によく似た会計となります。したがって，公企業会計，公営企業会計では企業会計と同様に複式簿記が使われます。

　次に民間の非営利を目的とする組織ですが，そこには多様な組織があります。その組織ごとに様々な会計が行われています。例えば，学校法人会計，社会福祉法人会計，一般社団法人会計，NPO会計等々です。こうした会計でも近年，企業会計の方法が取り入れられつつあります。

　他方，公的で非営利の組織であるのが政府や自治体で，そこで行われるのが「公会計」です。公会計とは財政のことです。財政は単式簿記をベースにした，主として現金収支を表わす会計となります。しかし，近年では公会計でも一部，複式簿記を導入し，企業会計と同じような運用成績を示そうとする試みも行われています。

　本書では企業会計について学習しますが，その知識があれば他の分野の会計についても応用することが可能であるということができます。公務員を目指す人も，企業会計の知識が必要となりつつあるのです。

外部用と内部用の会計

　会計について，もう1つの区分も見ておきましょう。会計には外部用のもの（外部報告会計）と内部用のもの（内部報告会計）があります。

　　外部報告会計──財務会計（financial accounting）
　　内部報告会計──管理会計（management accounting）

　会社には外部の様々な利害関係者（ステークホルダーという）がいるので，その人たちに対する報告が必要となります。それが財務会計です。財務（financial）の元となるファイナンス（finance）とは財政・金融とも訳されますが，ここでは資金調達や財務（資金のやりくりのこと）を意味します。企業がどのように資金を調達し運用し，どのような財務の状態にあるかを外部関係者に示すのが財務会計です。他方，内部の関係者（経営者や管理者）のために行われるのが管理会計です。原価を計算したり予算や利益計画を作ったりして，経営管理に役立つように管理会計は行われます。会社は外部の財務会計と内部の管理会計の両方に支えられて経営が行われているといえます。本書では財務会計について学習しますが，管理会計についても学ぶ必要がありますので，是

非，そういう名称の科目を受講してください。

　本書では，このように複式簿記から発展してきた会計（財務諸表）について学習することを目的とします。複式簿記の学習は財務諸表を「作る力」をつけることになりますが，本書では財務諸表を「読む力」をつけることにねらいがあります。複式簿記がわからない人でも，財務諸表を「読む力」を身につけることが求められています。

会計の拡張

　さらにそれだけにとどまらず，近年は会計（企業会計）の拡張も課題となりつつあります。これまでの財務会計の範囲を超えた会計情報が必要となってきているからです。本書で学習するのは「財務情報」ですが，これから求められるのは「非財務情報」です。非財務情報とは，ESG 情報のことを指します。E は Environment（環境），S は Social（社会），G は Governance（企業統治）を意味します。財務情報が企業の利益や財産の情報であるとすれば，非財務情報は，企業が対応すべき環境（環境保全や気候変動への取組み）や社会（ジェンダー平等や人権尊重の取組み），企業統治（ルールにもとづく適正な企業運営）についての情報です。そうした非財務情報・ESG 情報は SDGs の取組みや EU の規制策などによってグローバルに要求されてきており，日本でもルールが導入されつつあります。企業は利益情報だけを提供するのではなく，環境や社会にどう取り組んでいるかの情報も求められるようになっているのです。会計はそれらを包括する情報提供へと拡張していくことになります。

💡　クイズ＜問題３＞の正解は（１）となります。会計の役割として利益分配の役割と情報提供の役割があることを示しています。（２）は間違いです。企業以外の民間，公的な組織でも会計は必要です。多くの組織や機関は会計なしには適切に運営することはできません。（３）は現在では正解になりつつあるということができます。会計の情報提供の役割の中で，財務情報のほかに ESG 情報などの非財務情報が求められるようになってきたからです。

第2章

会社と財務諸表

クイズで考えよう

<問題1> 企業と会社は同じでしょうか?

（1）同じ 　　　（2）違う

<問題2> 会社の社員について正しい説明はどれでしょうか?

（1）社員とは従業員のことをいう。

（2）社員とは会社の出資者のことをいう。

（3）株式会社では社員と呼ばず，株主という。

<問題3> 株式会社に出資した株主は，出資したお金を返してもらえるでしょうか?

（1）もらえる 　　（2）もらえない

<問題4> 株式会社は何社ありますか?

（1）5千社 　　（2）1万社 　　（3）10万社 　　（4）100万社以上

<問題5> 財務諸表についての説明で正しいのはどれでしょうか?

（1）財務諸表とは貸借対照表と損益計算書のことである。

（2）会社法では財務諸表のことを計算書類と呼ぶ。

（3）財務諸表は会社の顔であり，どの会社の財務諸表も見ることができる。

1 ▌ 会社とは何か

　会計を学習するには会社についての知識も必要です。会社について最低限の知識を身につけましょう。

企業と会社

　企業（enterprise）と会社（company）とは同じでしょうか。営利目的で経済活動を営む事業体のことを企業といいますが，企業には個人企業と法人企業があります。法人企業のことを一般に会社というので，企業と会社が示すものは違うものとなります。

　会社とは，複数の出資者が集まって作る共同事業体のことです。事業規模を大きくするためには多くの資金が不可欠となりますが，そのためには複数の出資者を集める仕組みが必要です。個人とは異なる組織体に法人格（人間と同じ法的な資格）を与えることで，個人の限界を超えて事業を永続的に営むことが可能となりました。それが法人企業であり，会社です。

　歴史的にみれば，最初は個人企業から出発し，次第に事業規模を大きくするために会社形態が生み出されました。そうした中で複式簿記が生まれました。複式簿記は利益を計算する仕組みを備えていますが，それは複数の出資者に利益を分配しなければならず，そのために利益の把握が必要となったからです。簿記・会計の発展が会社の発展と一体となって進んだといえます。

　北イタリア地域で複式簿記が生まれたことは第1章で見ましたが，会社の前身も北イタリアで生まれました。会社（カンパニー）は共同出資組合「コンパーニア」（パンを一緒に食べる仲間の意味）が語源となっています。同じ頃，銀行（バンク）も生まれますが，「バンコ」（金貸しの机の意味）が語源となっています。

　会社とは，社団法人の中の営利を目的とした社団法人のことを指します。自然人が2人以上集まった集団（団体）を社団といい，一定の条件を満たすことで権利義務の主体となる法人格をもったものが社団法人です。社団法人は社員を構成員とし，組織の原則を定款（組織にとって憲法のようなルール）として

定め，社員総会を最高議決機関として運営されます。社団法人の中の営利社団法人が会社です。営利とは社員（構成員）に利益を分配することを意味します。会社の中で株式会社の場合のみ，社員を株主，社員総会を株主総会といいます。「社員」という言葉は，社団を作るためにお金を出した人（出資者）を意味しています。

💡　クイズ＜問題１＞の正解は（２）です。企業には個人企業も入るからです。クイズ＜問題２＞の正解は上で見たように（２）と（３）です。（１）は間違いです。日常生活で使われる「社員」という言葉は従業員のことを指すので，まるで意味が違います。

会社の形態

　会社の形態は，社員の種類（無限責任社員と有限責任社員）によって決定されます。無限責任社員とは，借金（債務）に対して個人財産の提供も含めてどこまでも責任を負う出資者のことをいい，有限責任社員とは，債務に対して個人責任ではなく出資金の範囲に限定して責任を負う出資者のことをいいます。そうした社員の組み合わせとタイプによって，会社は４種類に分けることができます。

```
合名会社──無限責任社員のみによって構成される会社
合資会社──無限責任社員と有限責任社員によって構成される会社
株式会社──有限責任社員のみによって構成される会社
合同会社──新たな形態の小規模な株式会社
```

　会社は歴史的に見ると，合名会社，合資会社，株式会社の順に発展してきました。合同会社は，ベンチャー企業向けの小規模株式会社設立のための新しい形態です。株式会社が会社形態の中のもっとも普及した事業体であることから，会計も株式会社を前提にしたものとなっています。したがって本書では，株式会社の会計について学習します。

　株式会社とは，株式（株券）を発行して，多くの人から出資を募る会社のこ

とをいいます。株式を保有する人が株主です。株式会社においては、株式を多く発行することによって多額の資金を調達することが可能となりました。小さな株式会社の場合は、株式を親族や知人に買ってもらう場合が多いのですが、大きな会社の場合は、多くの株式を不特定多数の人たちに買ってもらわねばなりません。株式会社の場合、出資したお金は会社から返してもらうことはできません。お金を取り戻そうとする場合は、持っている株式を売るしかありません。

> 💡 クイズ＜問題３＞の正解は（２）ということになります。お金を取り戻すには株式を売らなければなりませんが、株式がいくらで売れるかが問題となります。

上場会社と大会社・中小会社

そうした株式を売り買いするために、株式市場が作られました。株式市場では株式だけでなく社債や公債などの債券も売買されるので、証券市場と呼ばれるようになりました（株式と社債などをまとめて有価証券という）。証券市場で株式を売買するようになった会社のことを上場会社といいます。証券市場で株式や社債を売買する人のことを投資家（投資者ともいう）といいます。株式会社の株主は現在すでに株式を保有している人のことをいいますが、投資家とは株式や社債を売買しようと思っている人のことを指すので、株主と投資家は異なります。株主は特定されますが、投資家は不特定多数である点に特徴があります。

株式会社が約250万社であるのに対して、上場会社は約3,600社です。上場会社は一握りの大会社によって構成されています。

大会社は資本金５億円以上または負債総額200億円以上の会社をいい、約15,000社ありますが、上場会社はさらにその中の大会社の集まりということになります。大会社を除く圧倒的に多くの会社が中小会社です。

株式会社を中心とする会社については、「会社法」（以前は「商法」）によって法的に規制されています。会社は様々な利害関係者（ステークホルダー）から構成されているので、そうした利害を調整するために、特に会社の会計およ

びそれにもとづく利益分配について会社法が定めています。

　他方，上場会社は，会社であるのでもちろん「会社法」によって規制されていますが，さらに「金融商品取引法」（以前は「証券取引法」）によっても規制されています。証券市場では上場会社の株式や社債が売買されるので，そうした証券を売買する際には，会社についての様々な情報が必要となります。

　金融商品取引法は，上場会社および上場会社に準じる会社約5,000社に会社情報の開示（ディスクロージャーという）を義務づけています。投資家は特定できないので，誰も（国民も外国人も）が情報を利用できる必要があります。そのために会社情報が開示されます。その情報は，投資家が投資意思決定（証券売買の判断）をするのに有用なものでなければなりません。そうした会社情報の中の会計情報は，最重要な情報の1つです。

　投資判断を左右する会計情報を，ルールを無視して不正に作ることは許されません。それが公正な会計ルールにもとづいたものであるかどうかを確認するのは，会計監査の役割です。会計監査は公認会計士によって行われます。金融商品取引法が求める会計情報は，投資家のための監査済みの情報となります。

　会社と会計は一体的なものであるということをよく覚えておいてください。

> 💡 クイズ＜問題４＞の正解は（４）です。以前は株式会社100万社の他に小さな株式会社の性格をもつ有限会社150万社がありましたが，2006年施行の会社法で全体を株式会社とすることとなったので，現在は約250万社となっています。

2 ▌財務諸表とは何か

　複式簿記・会計によって表わされる企業の活動は，具体的には財務諸表（いわゆる「決算書」）によって開示されます。

会社法と金融商品取引法
　財務諸表の作成・開示は，法律（会社法と金融商品取引法）やそれに準じる規則によって義務づけられています。会社法は250万社を超える株式会社やその他の会社（合資会社，合名会社，合同会社等）の組織や運営に関して規制す

る法律であり，株主や債権者などの会社の利害関係者の利害を調整することを目的としています。金融商品取引法は約5,000社の上場会社等を中心とする大企業の証券市場での取引活動を規制する法律であり，証券市場の公正な運営と投資家の保護を目的としています。それぞれの法律の目的は異なりますが，財務諸表によって会計情報を会社の利害関係者に開示するという点では共通しています。

　財務諸表は，会社法では「計算書類」という名称で呼ばれ，金融商品取引法では「財務諸表」と呼ばれますが，その内容は次のようにキャッシュ・フロー計算書の有無を除いてほとんど違いはありません。

会社法の計算書類（個別中心）
- 貸借対照表
- 損益計算書
- 株主資本等変動計算書
- 個別注記表
- （附属明細書）

　＊附属明細書は計算書類ではなく，計算書類と併せて計算関係書類と呼ばれる。

金融商品取引法の財務諸表（連結中心）
- 連結貸借対照表
- 連結損益計算書
- 連結株主資本等変動計算書
- 連結キャッシュ・フロー計算書
- 連結附属明細表（会社法では「書」だが，金融商品取引法では「表」となる）

　こうした財務諸表の開示の仕方に違いがあるとすれば，金融商品取引法が連結財務諸表の開示を主要財務諸表に位置づけていることです。財務諸表の名称には「連結貸借対照表」というように冒頭に「連結」という文字がつきます。連結財務諸表とは，1社個別のものではなく企業グループ全体を示す財務諸表のことをいいます（第14章で詳しく学習します）。

💡　クイズ＜問題5＞の正解は（2）となります。財務諸表を貸借対照表と損益計算書だけとする（1）は間違いです。また（3）も間違いです。残念ながら，すべての会社の財務諸表を見ることはできません。上場会社や大会社のものは各社のホームページで見ることができますが，中小企業では財務諸表を公表している会社はあまり多くありません。

財務諸表の開示

　金融商品取引法は上場会社等に「有価証券報告書」の開示を義務づけていますが，その中の「経理の状況」で最初に連結財務諸表が表示され，その後に親会社の個別財務諸表（単体財務諸表ともいう）が示される形となります。連結財務諸表が主要財務諸表で，個別財務諸表が補足財務諸表という位置づけです。

　他方，会社法では個別計算書類の開示だけがすべての会社に義務づけられます。連結計算書類は，大会社（資本金5億円以上または負債200億円以上の株式会社）でありかつ有価証券報告書提出会社である場合にのみ提出が義務づけられ，さらに会計監査人設置会社（会計監査人を置いている会社）は提出することができるという扱いになっています。

　本書における財務会計の学習は，金融商品取引法で開示される財務諸表についての学習を中心としています。なぜかといえば，金融商品取引法での財務諸表には発展した会計の技法やルールが取り入れられ，現代の会計の典型が作られているからです。またそれが戦後の会計の近代化や制度化から生まれたものだからです。そして資格試験への対応としても必要な学習対象となるからです。

　また金融商品取引法の財務諸表は上場会社を含む大企業が作成するものですので，財務諸表の事例を学習する際にも利用しやすく，企業分析の練習にも適したものとなります。

　ただし，金融商品取引法の連結財務諸表を最初から学習するわけではありません。連結財務諸表は個別財務諸表をベースに作られるので，まず個別財務諸表から学ぶことが求められます。個別財務諸表について学習したうえで，次のステップである上級編で連結財務諸表について学ぶことになります。本書は連結については第14章でふれる程度なので，初・中級編にあたるものとご理解ください。

有価証券報告書の基礎知識

　特に上場会社等の「有価証券報告書」の活用の仕方を覚えておくことが財務会計の学習には重要となりますので，有価証券報告書の基礎知識について見ておきましょう。有価証券報告書は金融庁に提出されるとともに，証券取引所や会社の店頭で公開されます。現在では金融庁のウェブサイトである EDINET（電子開示システム）で公開されており，パソコンやスマホから約5,000社の上場会社等の有価証券報告書を見ることができます。会社法の計算書類が基本的に会社の関係者である株主や債権者向けのものであるのに対し，有価証券報告書は投資家向けのものですが，不特定の誰もが見られるものとなっています。

　有価証券報告書は企業のプロフィールや業績を示すもので，次のような目次からなっています。

第一部　企業情報
　第1　企業の概況
　第2　事業の状況
　第3　設備の状況
　第4　提出会社の状況
　第5　経理の状況
第二部　提出会社の保証会社等の情報
監査報告書

　財務諸表は「第5　経理の状況」の中で示されていますが，第1から第4までの各種の情報および監査報告書も会計と密接に関連しており，随所に会計情報が取り入れられています。企業全体を把握し，会計情報の要点を知るのに便利なのは「第1　企業の概況」で，「主要な経営指標等の推移」「沿革」「事業の内容」「関係会社の状況」「従業員の状況」からなっています。財務諸表を理解するうえでも見ておくことが重要です。

第3章

会計ルール・会計制度

❓ クイズで考えよう

＜問題1＞　直接金融・間接金融の直接・間接の意味はどれでしょうか？

（1）企業が銀行から直接に借りるのが直接，社債を発行して市場から借りるのが間接。

（2）国民のお金が株式を通して企業に直接行くのが直接，銀行を通して行くのが間接。

（3）現金を受け入れるのが直接，株式や社債，手形などの証券を仲立ちにするのが間接。

＜問題2＞　会計ルールの説明で正しいものはどれでしょうか？

（1）利益分配の会計ルールはそれぞれの企業の中で決めることができる。

（2）利益分配のための会計ルールと情報提供のための会計ルールがある。

（3）会計ルールは政府の法律ではなく民間の約束事（規範）のほうが有効である。

＜問題3＞　現代日本の会計ルールは誰が作っているでしょうか？

（1）会計ルールは政府が作っている。

（2）会計ルールは民間組織が作っている。

（3）会計ルールは今や国際組織が作っている。

＜問題4＞　会計ルールについての説明で正しいのはどれでしょうか？

（1）現在の会計ルールは法律になっている。

（2）会計ルールを守らないと罰せられる。

（3）会計ルールは会社法と金融商品取引法とでは異なっている。

1 経済のタイプ―大陸型と英米型

会社と会計が密接な関係にあり，それらが法律によって規制されていることを前章で見ました。会社のルールの中に会計のルールが組み込まれており，そのルールにもとづいて会計が行われるわけです。

経済のタイプが経営・会計を左右

会計のルールは，その国の経済の仕組みと大きく関係しています。その仕組みは会社の経営のあり方を左右し，そのことを通じて会計のルールを左右します。経済には２つの大きく異なったタイプがあります。大陸型と英米型です(表１参照)。

大陸型とは，ヨーロッパ大陸で生まれた，主としてドイツやフランスに代表される経済のタイプです。それに対する英米型とは，アメリカやイギリスを中心としたアングロサクソン諸国における経済のタイプです。根本的な違いは歴史の長さにあるということができます。大陸型は長い歴史がありますが，英米型（イギリスを別として）は，新大陸でのアメリカに代表されるように歴史は浅いといえます。

表１　経済のタイプ

	経済を主導する主体	経済を動かす原理	金融（資金調達）の手法	社会を規制する法の性格
大陸型	政府主導	組織原理	間接金融	成文法
英米型	民間主導	市場原理	直接金融	慣習法

古い歴史をもつ大陸諸国では，中世から近世にかけて強大な国家が形成され，官僚組織が法にもとづいて社会を規制する仕組みが生まれました。また王や貴族と結びついた特権商人たちが財をなし，富の集積が進んだことで銀行業が発展しました。

それに対して，イギリスでは，大陸とは異なった歴史が形成され，民間の力

が慣習的に発揮される独特の仕組みが生まれました。新大陸アメリカが形づくられるようになると，アメリカでは国家の力が弱いこともあって，イギリスからの多くの移民の影響のもとにイギリスに似た形で社会が形成されました。民間の主導によって開拓がなされ，社会が形づくられました。富の蓄積がないので銀行業も未発達であり，国民からの資金を市場を通じて集める仕組みが生まれました。それらをまとめたものが表1です。

大陸型の経済タイプ

　大陸型では，経済を主導するのは政府（官僚）であり（政府主導という），経済はそうした政府およびそのもとにある諸組織の原理によって動かされます（組織原理という）。経済の単位となる企業は資金が必要ですが，企業は主として銀行からお金を借りることで，経営を発展させます。経済全体では社会の中に散在する（国民がもつ）資金がどのように企業に回るかが重要となります。散在する資金が銀行に預けられ，それを銀行が企業に貸し付ける場合，資金は銀行を通じて間接的に企業に回ります（間接金融という）。大陸型では銀行業を中心とした間接金融が主たる資金調達法となります。社会を規制するのは法ですが，大陸型では法はすべて条文等の規程によって定められます（成文法という）。政府(官僚)の社会に対する規制力は成文法によって発揮されるのです。

英米型の経済タイプ

　それに対して，英米型では，経済を主導するのは民間（市場）であり（民間主導という），経済はそうした民間，とりわけ市場の原理によって動かされます（市場原理という）。資金調達法としては，国民の手にある資金が株式や債券等と交換に直接，企業に投入される方法が主たるものとなります（直接金融という）。その結果，証券市場を中心とした経済が形成されます。法の面でも，英米型では民間（市場）で認知される慣習が法として認められます（慣習法という）。国家に頼るのではなく，民間の自治に委ねる方法がそのような独特の法となったといえます。

> 💡 クイズ<問題１>の正解は（２）となります。国民と企業との間で，国民のお金が直接，企業に行くか，銀行等を経由して間接に行くかが，直接金融・間接金融の意味です。企業がどこから資金を調達するかは，会計に大きな影響を与えます。

2 ▍ 会計ルールのタイプ

　会計ルールのタイプは，経済のタイプと密接に関係しています（表２参照）。

表２　会計ルールのタイプ

	ルールの理念	ルールの機能	ルールの目的	ルールの形式	主要な法
大陸型	債権者保護	利害調整	利益分配	法	商法・会社法
英米型	投資家保護	情報提供	ディスクロージャー	規範	証券取引法

大陸型の会計ルール

　大陸型では，間接金融の中心にある銀行が大きな役割を果たします。そのため，経済の円滑な運営において銀行を「債権者」として保護することが重要となり，会計ルールの理念は「債権者保護」に置かれます。また債権者保護を前提として，企業にかかわる利害関係者の利害を調整することが求められます。

　主要には債権者と株主との間の利害調整です。そして利害調整を機能させるうえでは具体的に利益分配が目的となります。利益計算の仕方を定めたうえで，株主にどのくらい配当をするか，債権者のためにどのくらい利益を配当せずに企業内に資本とともに維持しておくかが問題となるのです。こうしたことは法的な形式（成文法）で定められます。訴訟にもなりかねない利益分配の明確なルールが法として必要となるからです。

　そうした法的なルールを体現しているのが，商法や会社法です。大陸型に属する多くの国では，商法や会社法の中で会計のルールを定め，利害調整の秩序を守ろうとしてきています。その場合，法として会計ルールを定めることになるので，会計ルールは政府組織によって作られる傾向にあります。

英米型の会計ルール

　他方，英米型では直接金融が中心となるので，証券市場が大きな役割を果たします。証券市場が発展するには，不特定多数の「投資家」の証券取引を保護するような公正な市場運営を保証しなければなりません。そのため，会計ルールの理念は「投資家保護」に置かれます。証券市場に参加する投資家を保護するには，情報提供が必要となります。市場では公平な条件のもとに公正な競争が行われなければならないからです。そのために企業に対してディスクロージャーが要請されます。

　ディスクロージャーとは，投資の判断に役立つ企業情報（会計情報を含む）を開示することを指します。またそうした会計情報については，会計ルールを遵守して作成されたものであるかどうか，公認会計士による監査が求められます。会計ルールは，市場（民間）に普及した規範的なルールであればよく，法の形をとることは求められません。市場の変化に即応するには，硬直的な法よりも柔軟な規範のほうが有効であるとされるからです。

　規範的な会計ルールを包括的に認める法が，証券取引法（日本では金融商品取引法に名称変更）です。証券取引法の中では会計ルールを法的に定めることはされず，民間のルール設定に委ねる方式がとられます。そのため，会計ルールは民間組織によって作られる傾向となります。

　クイズ＜問題２＞では正解は（２）となります。（１）は間違いです。19世紀末から20世紀初めには企業による「自由経理」が認められていましたが，利益分配は利害が対立し紛争ともなるので，その後，商法や会社法でルールが定められるようになりました。（３）は現在の日本に当てはめれば正解ともいえますが，法律で決めていた時代もあり，今でも法律で決めている国もあるので，（２）だけ正解としておきます。

---

3 ▐ 日本の経済と会計

　それでは，日本の経済と会計はどのようなタイプとなっているのでしょうか。日本の経済は，大陸型に属するタイプとして明治以来，今日まで発展してきま

した。近年になって，次第に英米型に移行しつつあるのが現状です。特に日本はアメリカの影響が強いので，アメリカと比較しながら考えてみたいと思います。

アメリカモデル

　まず先にアメリカについて見てみましょう。アメリカの経済のタイプは，英米型の典型ともいえるように，民間主導，市場原理，直接金融，慣習法の要素がそろっています。会計ルールもアメリカによってモデルが作られました。アメリカは会社法が州ごとにありますが，国レベルではありません。会計に関する国レベルの法は，証券取引法です。アメリカの経済社会は証券市場を中心としていることもあり，1929年の大恐慌後，世界で初めて1933年・1934年に証券取引法が作られました。州ごとの会社法は規制する力が弱く，会計に関しては証券取引法に任せるやり方がとられました。

　証券市場の規制は，政府組織である「証券取引委員会」（SEC；Securities and Exchange Commission）によって行われますが，会計のルール（会計基準と呼ばれる）は民間組織によって設定される点に大きな特徴があります。民間組織が会計ルールを作り，その遵守については政府組織であるSECが規制するスタイルがアメリカによって作られました。

　当初はアメリカ公認会計士協会が会計ルールを作っていましたが，現在ではその他の民間組織も加わった「財務会計基準審議会」（FASB；Financial Accounting Standards Board）によって作られています。こうした民間組織が作る会計ルール（会計基準）は法律ではありませんが，法律に近い力を発揮しています。そうしたルールはGAAP（Generally Accepted Accounting Principles）「一般に認められた会計原則」と呼ばれます。

　こうしたアメリカの会計ルールの方式は日本にも浸透しはじめ，さらには国際会計基準の方式も似た形になってきています。それだけアメリカモデルの影響は強いといえます。

日本の会計の複雑な歴史

　次に日本を見てみましょう。日本は明治期以降の近代化の中で，大陸型であ

る，政府主導，組織原理，間接金融，成文法の要素を導入してきましたが，それと同時に，戦後はアメリカの影響を受ける複雑な過程をたどってきました。

1899（明治32）年	商法制定（ドイツがモデル）
1945（昭和20）年	敗戦，連合国（アメリカ中心）による占領
1946（昭和21）年	GHQ による財閥解体
1948（昭和23）年	証券取引法制定（アメリカがモデル）
1949（昭和24）年	「企業会計原則」制定，証券取引法会計の成立
1952（昭和27）年	独立回復後，商法優位の会計へと変化
2000（平成12）年前後	会計ビッグバン（証券取引法優位の会計へと変化）
2001（平成13）年	企業会計基準委員会の設立（基準設定権限の委譲）
2005（平成17）年	会社法の制定（2006年施行）
2006（平成18）年	金融商品取引法の制定（2007年施行）

　1899（明治32）年にドイツ商法をモデルとして商法が制定され，第2次大戦以前は，商法によって会計が規制されていました。しかし，1945（昭和20）年8月15日の敗戦後は，アメリカを中心とした連合国の間接統治のもとに，アメリカの経済運営の方式が持ちこまれました。

戦後の会計改革

　連合国（アメリカが中心）の総司令部（GHQ）は，日本の軍国主義を解体して日本を民主主義の国にするために，財閥の解体と経済の民主化を進めました。

　財閥とは，図1のような富裕層（富裕な家族・同族）により支配される企業グループを指します。富裕家族・同族は持株会社を作り，持株によって子会社（銀行や商社，メーカーなどの大企業）を支配し，利益を吸い上げる方式を作りました。財閥としては三井，三菱，住友，安田などが有名です。一部の富裕層による企業支配は，経済の民主的な発展を阻害する原因であることから，財閥の解体が戦後改革の一環として行われました。

　財閥解体は，財閥の中枢をなす持株会社から持株を放出させ（取り上げ），

図1　財閥の支配と解体

それを多くの国民に委譲（普及）させる方法で行われました。多くの企業は，財閥所有の子会社から国民が株式を保有する一般の会社へと変化しました。当時の大企業の株式の約70％が国民の手に渡ったといわれます。

　少数の富裕層の手中にあった株式が国民の中に普及した結果，大規模な証券市場が生まれました。アメリカが構想した経済の民主化とは，アメリカのように多くの国民が株式を保有し，証券市場が経済の中心をなす経済の仕組みを作ることでした。戦後の一時期には，そのような状況が生まれたということができます。問題となるのは，こうして生まれた証券市場をどのように規制するかです。

　GHQ はアメリカにならって証券取引法を日本に導入しようとしました。1948（昭和23）年，アメリカの証券取引法をモデルに証券取引法が制定されました。上で見たようなアメリカの方式が導入されたのです。その中で会計改革（会計の近代化）も行われました。1949（昭和24）年に「企業会計原則」が制定されました。日本の学者が中心となって作成した「企業会計原則」は，当時のアメリカやドイツの先進的な会計の考え方や方法を集約したもので，戦後の近代的な企業会計の指針となりました。

　戦前の大陸型の会計（商法会計）から戦後は英米型の会計（証券取引法会計）に変わるかに見えましたが，1952年にアメリカの占領から脱し日本が独立を回復すると，再び大陸型の経済スタイルと商法優位の会計に戻り始めました。株式は国民の手から再び財閥系を含む企業グループに買い戻されていきました。そうして形成されたのが6大企業集団（三井，三菱，住友，第一，芙蓉，三和）です。

　そうした経緯もあって，証券市場はアメリカが期待したようには活性化しま

せんでした。資金調達の方式は再び間接金融中心となり，銀行からの借入れを中心に企業に資金が回るようになりました。結果として，戦後の経済成長は銀行からの借入資金に支えられて進められたことで，証券市場の役割は相対的に小さなものとなりました。こうした複雑な過程を日本はたどってきたのです。

4 ▍会計の二重構造

商法会計と証券取引法会計

　そうした過程の中で，会計の面では二重構造が生まれました。「商法会計」と「証券取引法会計」の二重構造です。戦前からの商法に加えて証券取引法が制定された結果，会計に関して2つの法律が併存する形となりました。これに「税務会計」を加えたものが，トライアングル体制と呼ばれました。

　商法会計と証券取引法会計の関係は，表3のように表わされます。

表3　商法会計と証券取引法会計

	会計の理念	会計の目的	適用対象	保護対象
商法会計 （会社法）	債権者保護	分配可能利益の計算	株式会社	会社の利害関係者
証券取引法会計 （金融商品取引法）	投資家保護	会計情報の開示	上場会社	投資家（国民一般）

　商法は先に見たように大陸型の法律です。商法における会計は，債権者保護を理念とし，分配可能利益の計算を目的とします。その適用対象は株式会社を中心とする会社全般であり，会社の利害関係者が保護の対象となります。商法は2006年から会社法に変わりましたが，その基本は変わりません。

　他方，証券取引法は英米型の法律です。証券取引法における会計は，投資家保護を理念とし，会計情報の開示を目的とします。その適用対象は，上場会社を中心とする公開会社であり，不特定多数の投資家（したがって国民一般）が保護の対象となります。証券取引法も2007年から金融商品取引法に変わっています。

商法優位の会計から会計ビッグバンへ

証券取引法の会計は，英米流の規範によるルールにもとづくことから，日本でも「企業会計原則」がその役割を果たしました。「企業会計原則」に依拠する会計は，財務諸表等規則第1条の「一般に公正妥当と認められる企業会計の基準」として認められてきました。証券取引法が作られた当初は，証券取引法会計（「企業会計原則」にもとづく会計）が日本の会計の中心に据えられるはずでしたが，日本の経済のあり方が再び間接金融に依存することになったことから，債権者保護を理念とする商法会計が前面に出るようになりました。すなわち，商法優位の会計となったのです。商法と法人税法は共通性があることから，商法会計および税務会計が，証券取引法会計を抑える形のトライアングル体制が形成されました。

商法会計と証券取引法会計は，表3にあるように理念，目的等が異なっていることから，会計の規定に相違が生まれましたが，商法を中心に調整が図られました。1952年から1990年代末まで，50年間近く商法優位であったのが日本の会計の歴史です。

しかし，長らく続いた商法優位の会計は，2000年前後からの会計ビッグバンの進展によって大きく変化していきます。会計ビッグバンとは，国際会計基準やアメリカ会計基準の影響を受けて新たな会計基準が日本に導入される一連の動きを指します。こうした会計基準は上場企業のための証券取引法会計に関するものであったことから，次第に商法優位の会計から証券取引法優位の会計に変わっていきました。トライアングル体制も，現在では大きく変容したといわれています。

5 ▌ 現代日本の会計制度と会計ルール ────────

会計ルール設定主体の変化

2000年までは，日本の会計ルールは政府組織によって決められてきました。主務官庁は大蔵省から金融庁へと変わりますが，そのもとにある会計ルールの設定組織は一貫して政府組織である「企業会計審議会」でした。しかし，2001年には会計ルールの設定組織が政府組織から民間組織である「企業会計基準委

員会」(ASBJ) に移行するという大きな変化が生じました。後の章で詳しく見ますが，同年に国際会計基準を設定する国際会計基準審議会（IASB）が民間組織として設立されたことを受けて，日本でも民間組織が会計基準を設定する方式への転換が図られました。IASB に理事を派遣するには民間組織であることが外圧によって求められたからです。それに対応するため，財団法人財務会計基準機構が作られ，その下に「企業会計基準委員会」が設置されたのです。

　　企業会計基準委員会（民間組織）──会計基準の設定
　　企業会計審議会（政府組織）──上記以外の会計ルール（監査基準等）の設定

　この頃（2000年前後）から日本の経済も大陸型から英米型へと変化していきます。政府組織から民間組織への転換は，大陸型であった日本を英米型に大きく変化させることを意味しました。しかし日本はなお両方の要素をもっています。会計基準を設定するのは企業会計基準委員会ですが，それ以外の監査基準等について設定する組織として引き続き企業会計審議会が残っています。したがって，日本の会計ルールを作成する組織は二重構造になっているといえます。

会社法会計と金融商品取引法会計

　そして2005年には，商法の中の会社に関する規定をまとめて，新たに会社法が制定され，2006年に施行されました。また同じ年に，証券取引法が内容を新たにして金融商品取引法として制定されました（施行は2007年）。これらの法律は，それまでの商法および証券取引法を引き継ぐものでしたが，会計については大きく変容します。

　特に重要な点は，会社法においては商法のような会計の規定が存在しなくなったということです。会社法の第431条で，会社の会計は「一般に公正妥当と認められる企業会計の慣行に従う」ものとすると新たに規定されましたが，ここでいう「一般に公正妥当と認められる企業会計」とは，証券取引法の下の財務諸表等規則第1条において以前から記されていた規定と同じ規定です。したがって，会社法は，株式会社に対して証券取引法を引き継いだ金融商品取引法の会計に従うことを命じる方向に大きく転換したといえます。長い間，商法

優位の会計であったのが, 金融商品取引法（証券取引法）優位の会計へと変わったわけです。

　しかし, 会社法会計は約250万社の株式会社のためのものであるはずです。一方, 金融商品取引法会計は約5,000社の上場会社等（上場会社3,600社プラス上場会社に準じる会社）のためのものです。多くの中小企業を含む株式会社が大会社向けの金融商品取引法会計に従うのには無理があります。そのため, 2005年会社法制定の際, その点を考慮して中小企業向けの会計基準として「中小企業会計指針」が作られ, その後, 中小零細企業向けに「中小企業会計要領」が設けられました。その結果, 日本の会計ルールは会社の規模や仕組みによって重層化することとなりました。複雑化したといってもよいかもしれません。その点は, 第11章で見てみたいと思います。

　　クイズ＜問題3＞の正解は（2）となります。過去には会計ルール（会計基準）は政府が作っていましたが, 現在では「企業会計基準委員会」という民間組織が作っています。（3）はどうでしょうか。国際会計基準を作っているのは「国際会計基準審議会」というロンドンにある国際組織です。この国際会計基準がそのまま日本の会計ルールになる時代が来れば, （3）は正解となりますが, 現在のところでは間違いです。

　　クイズ＜問題4＞の正解は（2）と（3）となります。（1）は, 以前は商法において会計ルールが法律の中に書かれていましたが, 現在ではそうではないので間違いです。法律にはなっていませんが, 会計ルールは法律並みの強制力があります。この点が会計のルールのユニークな性格です。したがって（2）のように会計ルールを守らず粉飾決算をすると罰せられます。（3）については上で見たとおりです。

第4章

利益の計算方法と
企業会計の考え方

❓ クイズで考えよう

お風呂のお湯を増やそうとして，すでに200リットル（L）あるところに蛇口からお湯を入れましたが，お風呂の栓がゆるくなっていて下からお湯がもれていました。1時間後に気づいてお湯を止め，栓もしっかりと閉めた状態が下の図です。結果として300Lになったので，100Lの増量となりました。蛇口からの流入量は200L，下の栓からもれた流出量は100Lでした。

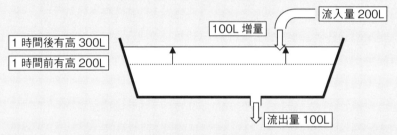

<問題1>　100Lのお湯の増量を表わす計算方法はどれが適切でしょうか？

（1）流入量200L −流出量100L ＝100L

（2）1時間後300L −1時間前200L ＝100L

（3）1時間前200L ＋流入量200L −1時間後300L ＝100L

（4）1時間後300L ＋流出量100L ＝1時間前200L ＋流入量200L

<問題2>　このお風呂の増量の説明はどちらが適切でしょうか？

（1）流入量200Lと流出量100Lの比較によるほうが増量100L を理解するのによい。なぜならば，増量の原因がわかるので，蛇口からの流入量を調節したり，お風呂の底の栓のゆるみを修理したりすることが可能となるからである。

（2）有高300L と200L の比較によるほうが増量100L を理解するのによい。なぜならば，増量した結果が見えるので，お風呂に入るのに適切なお湯の量300L を確認することが可能となるからである。

1 ▎利益の計算方法

　企業会計にとって利益の計算が大事であることは序章で学習しました。利益は計算によってしか把握できないので，利益の計算の仕方，すなわち利益の計算方法が非常に重要となります。

　利益の計算方法には2つが考えられます。企業の中の財産額の時点比較によって利益を測る方法（財産法という）と，財産の流入額と流出額の期間比較によって利益を測る方法（損益法という）の2つです。

財産法による利益計算

　財産法は，スタート時点（期首という）の財産額とゴール時点（期末という）の財産額を比較する方法です。時点の財産額を財産の有高（ストック）といいます。図1のように財産の有高の増加分が利益となります。

　損益法は，スタートからゴールまでの流入額と流出額を比較する方法です。

図1　財産法と損益法のイメージ図

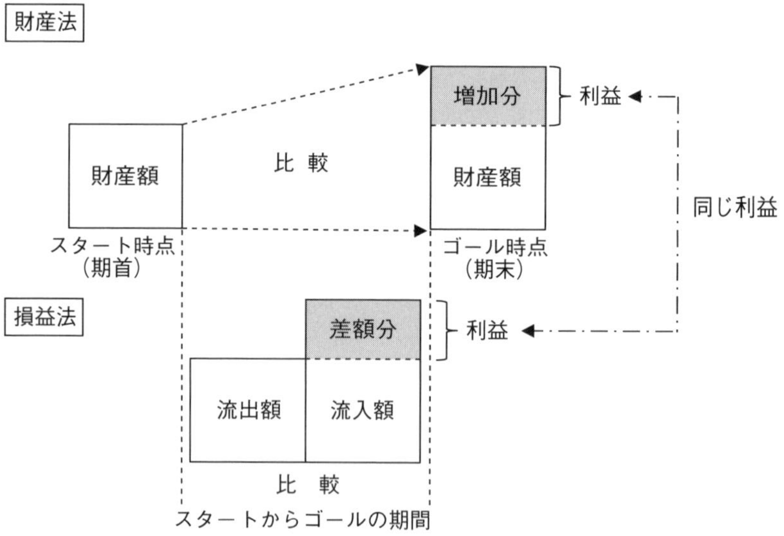

こうした刻々と変化する額を流出入（フロー）といいます。図1のように流出入の差額分が利益となります。

　企業会計では，財産は，「資産－負債」で計算されます。「資産」は企業の保有する財産を表わしますが，通常，企業には借金などを表わす負債があります。「負債」は財産から返済しなければならず財産が減ることになるので，実際の財産（正味の財産という）は「資産－負債」によって示されます。

　それを図で表わすと次の図2のようになります。このように資産と負債を左右に並べ，正味の財産額を示す表を「貸借対照表」といいます。正味の財産額を「純資産」（以前は資本）と呼び，純資産の増加分が利益となります。

　これを計算式で書くと，次のようになります。

期末純資産（期末資産－期末負債）－期首純資産＝利益
　＊期首純資産（期首資産－期首負債）はスタート時に確定しているので「期首
　　資産－期首負債」の式を省いてある。

　後で見るように貸借対照表ではこうした財産法による利益計算が行われます。貸借対照表は財産の有高（財政状態といいます）を表わすとともに，利益の計算を示すことのできる計算表であるといえます。

図2　貸借対照表における利益

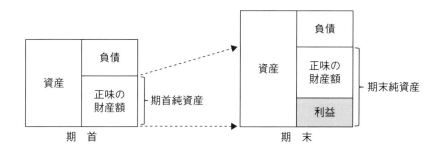

損益法による利益計算

　損益法は，企業に流入した財産の増加額と企業から流出した財産の減少額とを比較する方法です。企業会計では，流入額を「収益」，流出額を「費用」と呼びます。財産法が有高（ストック）を表わすのに対し，損益法は流量・変化量（フロー）を表わします。その差額分が正味の財産の増加額となります。これを計算式で示すと次のようになります。

　　収益－費用＝利益

　この収益と費用を表わす表が「損益計算書」です（図3参照）。

図3　損益計算書における利益

　損益計算書では損益法による利益計算が行われますが，収益と費用の対比によって一目で利益がわかる計算表になっています。
　財産法による利益と損益法による利益は基本的に（時価評価を加えなければ）一致します。それを計算式で表わせば次のようになります。

　　（期末資産－期末負債）－期首純資産＝収益－費用
　　　＊カッコ内は期末純資産であるが，計算式の加工のために省略。

　これを引き算でなく，足し算に変えるために移項をして式を変形すると次のようになります。

　　期末資産＋費用＝期末負債＋期首純資産＋収益

　これは複式簿記の最終段階で作成する残高試算表を表わす計算式です。図4のように残高試算表を上下に切り離すと，貸借対照表と損益計算書を作ることができます。残高試算表の段階では貸借対照表と損益計算書が組み合わさっているので利益が明示されませんでしたが，別々にすることによって，それぞれに利益を表示する独立した計算表を作ることができるのです。

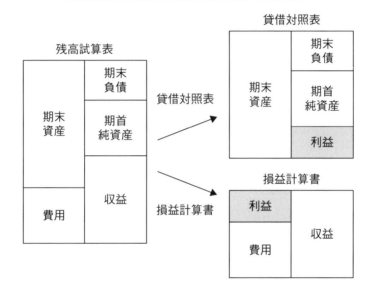

図4　残高試算表と貸借対照表・損益計算書

　クイズ＜問題1＞は，以上のような財産法と損益法による利益の計算をイメージした問題です。財産法も損益法もいずれも適切な計算方法であるので，正解は（1）と（2）としておきましょう。（1）が損益法的な計算方法で（2）が財産法的な計算方法です。さらに（1）と（2）のいずれが適切かとなると難しい問題です。（1）が戦後長らくは適切と考えられていましたが，現在は（2）が適切とされています。次の節を読んでみてください。（3）は流出量の計算なので間違いです。（4）はどうでしょうか。（4）は残高試算表をイメージした計算方法です。利益は明示されませんが，財産法と損益法を統合した計算方法と考えれば，これがもっとも適切な答えといえるかもしれません。

貸借対照表と損益計算書の違い

　貸借対照表と損益計算書はそれぞれに利益を計算しているのですが，その表の性格は次のように大きく異なっています。

　　貸借対照表——結果計算，ストック比較計算，時点計算
　　損益計算書——原因計算，フロー比較計算，期間計算

　貸借対照表は，一定時点（期首と期末）での財産の有高（ストック）の比較を示すだけなので，財産の増減は結果でしかありません。財産の増減の原因や理由を示すことができないからです。したがって利益がどのように生じたかを示すことができません。しかし，財産の将来価値を時価評価によって知ることができれば投資家にとって有効な計算表となるとも考えられます。貸借対照表は，ストック比較計算，時点計算によって結果についての計算（結果計算）を表わす計算表であるということができます。

　他方，損益計算書は，期間（期首から期末）における財産の変化量（フロー）を示すので，利益がどのように生じたかを示すことができます。財産の増減の原因や理由を表わすことができるからです。企業経営者にとって有効な計算表であるとされています。損益計算書は，フロー比較計算，期間計算によって原因についての計算（原因計算）を表わす計算表であるということができます。

　戦後に導入された近代会計の中では，損益計算書が重視されました。なぜならば企業経営の状況や成否を原因の側面から表わすことが重要と考えられたからです。しかし，その後，次第に貸借対照表を重視する傾向が強まって今日に至っています。それは後に見るように，国際会計基準の影響により時価会計の導入が進む中で，投資家にとって貸借対照表の方が情報価値があると考えられるようになってきたからです。

　そして現在では，後ほど述べるように，時価評価の差額を表示する包括利益計算書が連結財務諸表において作成されるようになってきています。

> 💡　クイズ＜問題２＞は（1）と（2）のいずれもが適切な答えです。＜問題
> １＞と重なりますが，（1）は流入量と流出量のフローによる比較のほうが増量
> の原因がわかるので適切とする考え方を示しています。（2）は有高であるストッ
> クの比較のほうが増量した分を含む全体を見ることができるので適切とする考
> え方を示しています。どちらを適切と見るかは立場によって違うことは上で見
> たとおりです。経営者だったら（1）を，投資家だったら（2）をとると考え
> られます。皆さんはどう思いますか。

資産負債アプローチと収益費用アプローチ

　今日では，財産法と損益法は別の名称で呼ばれています。その名称は次のと
おりです。

　　資産負債アプローチ──財産法の新しい名称
　　収益費用アプローチ──損益法の新しい名称

　２つのアプローチは利益の計算方法にとどまらず，会計観（会計の考え方）
を示すとされています。アメリカで最初に提唱され，現在では国際会計基準で
も会計の考え方を説明する際に使われるようになっています。

　資産負債アプローチは，資産，負債を企業会計の基本とする考え方で，貸借
対照表を重視するものです。収益費用アプローチは，収益，費用を企業会計の
基本とする考え方で，損益計算書を重視するものです。以前は収益費用アプロー
チが主流の考え方でしたが，近年は資産負債アプローチが主流となってきてい
ます。資産・負債の評価が重要な課題となる中で，資産負債アプローチのほう
が時価評価に適しており，投資家のための会計として有効であると考えられる
ようになってきたからです。

連携と非連携

　時価評価が行われると，貸借対照表の利益と損益計算書の利益が一致しなく
なります。先に見た図４ではそれぞれの利益は一致していますが，このような
一致を「連携」といいます。複式簿記の仕組みの中では，資産・負債の要素と

収益・費用の要素は連動していて，利益が生まれる過程は明らかです。そうした関係は「クリーン・サープラス」関係と呼ばれます。サープラス（剰余＝利益）が見える形で（クリーンに）現れるからです。

　しかし図5のように，資産に時価評価が行われると「連携」の関係が崩れます。なぜならば，貸借対照表に生じた評価差額は損益計算書に反映されないからです。損益計算書は，流入と流出の差額を利益ととらえる計算書です。例えば，商品が売れて，販売利益が現金として流入するような場合に利益ととらえるわけです。しかし評価差額は，流入ではありません。価値を計算し直しただけで，現金を伴うような流出入は生じないからです。

　貸借対照表と損益計算書の利益が一致しないことを「非連携」といいます。図5のように非連携の場合は，評価差額の分だけ利益にズレが生じるということになります。これをあえて連携させようとすると，損益計算書に無理やりに評価差額を入れなければならなくなります。そうすると損益計算書ではなくなり，名前も包括利益計算書に変化していきます。こうした点も後に考えてみましょう。

図5　貸借対照表と損益計算書の「非連携」

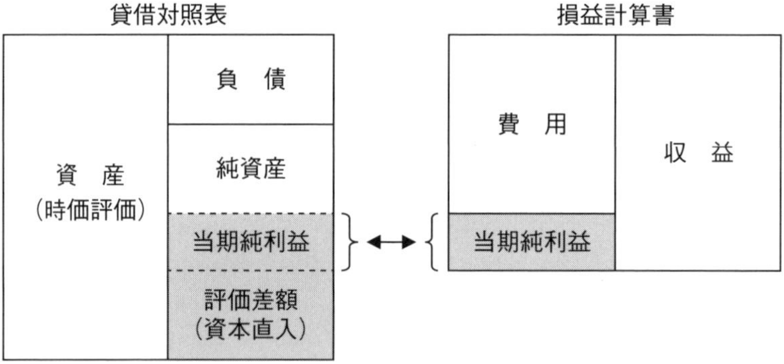

2 ▌企業会計原則

今も生きる「企業会計原則」

　こうした貸借対照表と損益計算書の仕組みをルールとして表わしたのが，戦

後の会計改革の中で制定された1949年の「企業会計原則」でした。その後，約50年を経た会計ビッグバンにおける新たな会計基準の導入によって「企業会計原則」の考え方が変化にさらされつつありますが，その基本的な意義に変わりはありません。今日でも多くの中小企業の会計には企業会計原則が使われているからです。

　「企業会計原則」は，「一般原則」「損益計算書原則」「貸借対照表原則」の3つから構成されています。「一般原則」は，財務諸表の基本的なあり方について定めたものです。次のような原則によって構成されています。

真実性の原則

　当たり前のようですが，「企業会計は……真実な報告を提供するものでなければならない」と規定されています。しかし利益の計算においてどのような利益数値にするかは経営者の判断が伴わざるをえず，何が真実かは明確ではありません。絶対的な真実はないということです。したがって，真実性とは相対的真実性を意味するとされています。相対的真実性を保証するのは，会計数値が証拠にもとづくものであることと，会計処理や報告が会計ルール（原則や基準）にもとづくものであることの2つであるとされます。以下のような原則を守ることが相対的真実性の保証となるとされるのです。

正規の簿記の原則

　原則では「正確な帳簿を作成しなければならない」と書かれています。「正確な帳簿」とは，すべての取引が網羅され，帳簿記録から損益計算書や貸借対照表が作成されるような帳簿を意味します。その代表が複式簿記ということになります。複式簿記がすべての会計情報の源となっており，今日でも重要な役割を果たしていることはいうまでもありません。

資本取引・損益取引区別の原則

　この原則では「資本剰余金と利益剰余金を混同してはならない」と規定されています。この原則によって戦後初めて資本剰余金という言葉が日本に導入され，様々な資本取引が認められるようになりました。重要なことは，利益の適

正な測定のために，損益取引から利益が生まれるものであることを明らかにしている点です。損益取引のルールについては，損益計算書原則に書かれています。

明瞭性の原則

ここでは「利害関係者に対し必要な会計事実を明瞭に表示し，企業の状況に関する判断を誤らせないようにしなければならない」としています。ディスクロージャー（財務内容の開示）について述べた原則といえます。

継続性の原則

ここでは「処理の原則及び手続を毎期継続して適用し，みだりにこれを変更してはならない」と規定しています。毎期のように手続きを変更して，利益額を多くしたり少なくしたりするような利益操作を封じるための原則です。正当な理由がある場合にのみ変更可能とされます。

保守主義の原則

この原則は慎重性の原則とも呼ばれ，企業の財政に不利な影響がありうる場合には「これに備えて適当に健全な会計処理をしなければならない」と書いています。予想される損失は計上してもよいとして，資産や利益の過小表示を認める原則です。しかし過度な保守的処理で真実な報告を歪めてはならないという注意規定も設けられており，保守主義による利益操作を禁止しています。

単一性の原則

この原則は，異なる目的で異なる形式の財務諸表を作成する場合においても，信頼できる１つの会計記録にもとづくことを求めるものです。二重帳簿を禁止する原則といえます。

重要性の原則

「一般原則」と並んで企業会計原則注解１にある規定も，重要性の原則と呼ばれています。ここでは「重要性に乏しいものについては，本来の厳密な会計

処理によらないで，他の簡便な方法によることも正規の簿記の原則に従った処理として認められる」と書いてあります。金額の小さな項目や端数の部分を省くことを認める原則となっています。

　このような「一般原則」は欧米では見られない，ある意味で日本のオリジナルな原則といえます。戦後の会計改革の中で，ドイツやアメリカの会計からこうした原則を選び出し，日本の会計学者が独自に練り上げたものです。会計の基本的な考え方を学ぶ上で今日でも重要な存在です。その後の新たな会計基準を検討する場合にも有用です。

　「一般原則」に続き，「損益計算書原則」では，費用収益対応の原則，発生主義の原則，実現主義の原則などが述べられ，「貸借対照表原則」では，評価の原則，費用配分の原則などが述べられますが，それらについては次の章以降で見ていきましょう。

3 ▌ 新たな会計原則─概念フレームワーク

　今も一部に使われている企業会計原則ですが，第11章で見る国際会計基準の導入前後から設定される会計ルール（会計基準）では，企業会計原則とは異なる新たな会計原則が使われるようになってきています。そうした新たな会計原則は「概念フレームワーク」（Conceptual Framework）という名前で呼ばれます。元々はアメリカの財務会計基準審議会（FASB）において1970年代から開発されてきたものですが，2000年代からは国際会計基準審議会（IASB）でも開発が進み，現在ではIASBが以前のものを改訂して2018年に公表した「財務報告に関する概念フレームワーク」が最新のものとなっています。

　日本でもそうした動きに対応して，企業会計基準委員会によって日本版概念フレームワークの検討が行われ，2004年に討議資料として「財務会計の概念フレームワーク」が作成されました。2006年にその改訂版が公表されるに至っています。改訂版は「討議資料」にとどまっていて正式の会計原則にはなっていませんが，公認会計士試験や税理士試験で出題されることもあり，事実上，企業会計原則に次ぐ新たな会計原則として扱われるようになっています。

概念フレームワークの特徴の 1 つは，会計情報に質的特性を求めていることです。日本版概念フレームワークでは次のようなものとなっています。

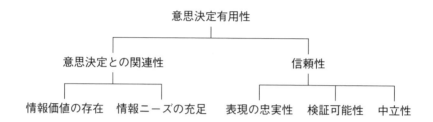

質的特性は「企業会計原則」の一般原則に似たものといえますが，一般原則のほうは収益費用アプローチを支えるものであるのに対し，概念フレームワークのほうは資産負債アプローチの基礎となるものです。

FASB，IASB，日本の概念フレームワークは質的特性などにおいて細部に違いはありますが，基本的な考え方では共通しています。

共通点は，企業への資源提供に関する意思決定を行ううえで利害関係者（投資者,融資者など）に有用な財務情報を提供するということ,資産負債アプローチにより時価評価を重視するということ，を財務報告の目的とする点にあります。

企業会計原則が，収益費用アプローチにもとづき取得原価会計を基本として損益計算書を重視する考え方に立つのに対し，概念フレームワークは，資産負債アプローチにもとづき公正価値会計（時価会計）を基本として貸借対照表を重視する考え方に立っています。両者を対比すると，利益のとらえ方が異なっているということがわかります。企業会計原則のほうは利害関係者の間での分配可能な利益を想定しているのに対し，概念フレームワークのほうは投資意思決定に有用な情報として役立つ利益情報を想定しています。利益情報は評価損益の情報を含むので，分配可能な利益とは異なります。

そうした点は第11章以降の章で具体的に学習することになります。

第5章

貸借対照表の仕組みと見方

クイズで考えよう

<問題1> 会計学では負債と資本は区別しますが，経済学では区別するかどうか，どちらでしょうか？

（1）区別する　　　（2）区別しない

<問題2> 貸借対照表（資産・負債・純資産）の説明で正しいのはどれでしょうか？

（1）貸借対照表は，かつて財産目録と呼ばれたように，企業財産の一覧を示す表である。

（2）貸借対照表には，企業が所有する資産・負債・純資産のすべてが表示される。

（3）貸借対照表は，企業における資金の調達と運用を示す表である。

（4）貸借対照表は，資産マイナス負債により純資産（正味の財産）を表わすので，企業の値段を示す表として役立つ。

<問題3>「企業会計原則」にもとづく資産についての考え方で正しいものはどれでしょうか？

（1）資産とは，企業が利益を生む目的で使うためのもので，保有することに意味はない。

（2）資産とは，財産として保有することに価値があり，その値上がりから利益が生まれる。

（3）資産は，購入したときの金額よりも，現在の価格（時価）に直したほうがよい。

1 ▌貸借対照表の仕組み

企業の財政状態を表示

　貸借対照表は企業の財政状態を表示する計算表で，「資産」「負債」「純資産」（資本）のグループからなっています（「資本」は新しい会計基準および会社法で「純資産」という名称に変わったので，以下では「純資産」と呼ぶ）。資産は企業に投下された「資金の運用形態」を表わし，負債と純資産は企業に入ってくる「資金の調達源泉」を表わします。

　例えば，企業が出資者（株主）から資金2,000万円の出資を受け，さらに銀行から資金1,000万円を借り入れた場合，前者が「純資産（勘定科目は資本金）2,000万円」となり，後者が「負債（勘定科目は借入金）1,000万円」となります。出資と借入れは返済の有無により資金調達の性格が異なるので，調達源泉別に純資産グループと負債グループに区分されるわけです。

　しかし経済学から見れば，企業に入ってくる資金はすべて資本とみなされます。第3章の間接金融・直接金融のところで見たように，企業にとっては負債となる資金も純資産となる資金も，間接，直接の経路の違いはあれ，いずれも経済の中では同じ資金とみなされるからです。経済学ではすべての資金が資本として企業に投入されると見るわけです。

　経営分析などでよく使われる表現では，純資産グループを「自己資本」，負債グループを「他人資本」，全体を「総資本」とも呼びます。これはある意味で会計学と経済学をつなぐ見方であるといえます。「自己資本」「他人資本」という言葉はよく使うので覚えておいてください。

　企業が資金を調達するのは，それを企業経営に投下・運用して利益を得ようとするからにほかなりません。そこで今度はそうした資金の運用形態とその状況を示す必要があります。

　例えば，出資と借入れによって調達した資金3,000万円を，事務所の購入1,500万円，机やパソコン等の備品の購入200万円，販売のための商品の仕入500万円，残りを手持ち資金に当てた場合，「現金800万円」「商品500万円」「備品200万円」「建物1,500万円」となります。これらはすべて資産のグループです。資産はこ

のように調達された資金が次々と形を変えて具体的に運用されるその形態を表わすことになります。こうした点を表わすと図1のようになります。

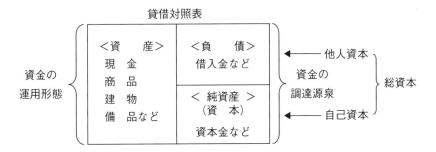

図1　貸借対照表の基本的仕組み

図1を見てもわかるように，右側ではどのような調達源泉から資金が入ってきたかについて示し，左側でそれをどのように使っているかについての運用形態を示す形となるので，当然のことながら「資産＝負債＋純資産」というように左右は同額となります。1つのコインを表と裏から見ているのと同じです。会計では，返済しなければならない資金を負債といい，返済しなくてもよい資金を純資産といいます。すでに見たように，株式会社では，株主が払い込んだ株式の購入のための資金は株主に返済されることはないからです。

クイズ＜問題1＞の正解は（2）となります。会計学を学ぶ際にも経済学の考え方と比較することが重要です。

クイズ＜問題2＞の正解は上で見たように（3）です。貸借対照表は財産目録とは異なり，現在の貸借対照表には財産でないものも計上されるので（1）は間違いです。（2）も間違いです。企業が所有しないリース物件のような資産も計上されるからです。（4）はある意味で企業の値段の一端を示しているともいえますが，実際の企業買収に際してはかなりの修正が行われますので，正解とはいえません。

貸借対照表の利益

資金の運用（商品の販売など）が首尾よく行われればやがて利益を得ることができ，図2のようにスタート（期首）時点では左右同額であった状態からゴー

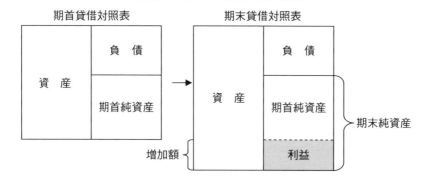

図2　貸借対照表における利益

ル（期末）時点では資産が増大し，純資産に増加額が生じる状態へと変化します。その増加額が利益です。利益は元手（期首純資産）の増加を意味します。

　貸借対照表では，利益（当期純利益）は期首純資産が期末純資産へと増加する形で表わされます。それを等式で示せば次のようになります。

期末純資産－期首純資産＝利益

　貸借対照表で計算される利益（当期純利益）は，時価評価がなければ損益計算書で計算される利益と一致することは先に見たとおりです。

　貸借対照表は，企業の一定時点の断面図ともいえる資産・負債・資本の有高（ストック）を示すと同時に，その中に資本の増加分である利益がいくら含まれているかを表わす計算表であるといえます。

2 ▍ 資産とは何か

資産＝費用の考え方

　資産とは何でしょうか。資産とは企業の財産のことです。個人と企業とでは財産の使い方が異なります。個人の場合の財産は，保有したり消費することに主な使い方があります。保有する場合でも，やがては消費することが想定されるので，基本は消費（衣食住などに使うこと）ということになります。企業の

場合はどうでしょうか。企業の場合は個人のように消費するような使い方はありません。

　企業の場合は，財産は利益を生むために使うので，ただ保有するということはありません。例えば，現金という財産を考えてみると，そのまま保有し続けることはなく，その現金を増やすために，商品を仕入れたり，原材料を買って製品を作ったりして，企業活動に投下します。また，建物や機械などを製造活動や販売活動のために使います。したがって，製造や商品販売を企業活動の基本とした場合，資産が資産のままでとどまることはありません。資産は姿を変える必要があります。

$$ \boxed{資産} \longrightarrow \boxed{費用} $$

　それでは資産は何に姿を変えるのでしょうか。資産は費用へと姿を変えます。資産を使うと費用になるのです（資産を使うことを個人の「消費」と区別するために「費消」という）。

費用のかたまり

　このような性質をもつ資産のことを「費用性資産」といいます（費用とならない一部の資産を「貨幣性資産」という）。言い方を変えれば，資産とは「費用のかたまり」であり，使う（費消する）たびに費用となっていくということができます（そのことを「費用化」という）。なぜ資産を使い費用に変えるかといえば，それは収益を得るためです。人間の経済活動の基本的な形は，費用と収益によって表わされるといっても過言ではありません。人間は種をまき汗水たらして耕作をすると，やがて作物を収穫することができますが，努力して耕作するのが費用であり，成果として得られる作物が収益です。

　資産を費用として費消し，費用からの変換によって収益を生み，その差額の利益を創出するサイクルこそ企業活動の基本であるといってもよいでしょう。

$$ \boxed{資産} \underset{\text{費消}}{\longrightarrow} \boxed{費用} \underset{\text{変換}}{\longrightarrow} \boxed{収益} \underset{\text{創出}}{\longrightarrow} \boxed{利益} $$

　この考え方からすると，資産は費用にまだなっていない残りの部分と見ることができます。費用・収益による利益の創出を企業活動の中心とすれば，それを表わす損益計算書が主要な計算書であり，貸借対照表は損益計算書に入らなかった残りの要素を収めるための補完的な計算書ということになります。

評価の原則と費用配分の原則

　この考え方は，日本では1949年の「企業会計原則」において確立されたもので，損益法的な利益計算を中心とした取得原価会計が行われてきました。

　これを支える原則が「評価の原則」と「費用配分の原則」です。これらは貸借対照表原則の中で示されています。

評価の原則

　資産の価額は，原則として，その資産の取得原価を基礎として計上しなければならない。

費用配分の原則

　資産の取得原価は，資産の種類に応じた費用配分の原則によって各事業年度に配分しなければならない。

　このことを図にすると次のようになります。

　このように期中に購入した資産は費用に変わり費消されますが，すべてを使い切ることはなく，期末に費用とならない部分が残ります。それが貸借対照表に計上される資産となります。資産によっては長期に継続的に使用するものもあり，その場合は，何年かにわたって少しずつ費用となっていきます（それを減価償却という）。その際に，どのように費用としていくか（どのように資産の残高を計算するか）が問題となります。そのような費用と資産の関係をルー

ルにもとづき処理する考え方を「費用配分の原則」といいます。

　こうした「取得原価」にもとづき「費用配分の原則」によって資産を運用することは今日でも会計の基礎として行われていますが，それとは異なった資産の考え方が国際的な流れとなって日本に入ってきました。

　💡　クイズ＜問題３＞の正解は（１）となります。資産は，保有ではなく費用に変えて利益を生むために使われることが本来の姿と考えられてきたからです。（２）は最近の新しい考え方です。金融資産は値上がりを期待して保有されるので，そうした資産が増えてくると従来の資産の考え方が当てはまらなくなります。（３）も（２）の考え方と関連しています。ここでは（２）（３）は間違いとしておきたいと思います。

資産＝経済的資源の考え方

　もう１つの資産の見方が，資産を経済的資源と見る新しい考え方です。経済的資源とは将来の経済的便益とされ，将来においてキャッシュ・フローをもたらすものをいいます。そのキャッシュ・フローの生じ方は，上で見たような費用（努力）となって収益（成果）をもたらす経路をとることを前提としていません。

　例えば，他の会社の株式を購入しその値上がりを待って売却して，売却益を稼ぐというような事例です。この場合は，費用と収益という見方は当てはまりません。購入した他の会社の株式が値上がりするのは，購入した会社が努力した（費用をかけた）からではなく，株式を発行した会社が努力したことで業績が上がったからです。つまり他人の努力を当てにしているにすぎません。

　そのような値上がりを期待する資産（金融資産という）を保有する傾向が現代の会社では強くなっています。本業として商品を売買したり製品を製造するだけでなく，本業以外でも儲けを得ようとするわけです。そのような資産が増えると，利益は費用と収益の活動以外からも生じることになります。

　今日の会計では，どのような経路をとるにしろ，将来のキャッシュ・フローを生むような源泉はすべて資産ととらえられるようになりました。その場合，必ずしも所有していなくてもよく，支配（専有して使用すること）の状態にあ

ればその企業の資源とみなされます。借りているリース物件を所有していなくても，その使用により便益を受ける場合は，それを資産とみなすのです。

将来キャッシュ・フローのかたまり

　これまでの伝統的な資産の考え方では資産を「費用のかたまり」ととらえていましたが，こうした新しい資産の考え方では資産を「将来キャッシュ・フローのかたまり」と見ているということができます。

　将来キャッシュ・フローはどこに現れるかといえば，その資産の「時価」や「割引現在価値」で示されると考えられています。将来キャッシュ・フローそのものが示されるわけではありませんが，将来キャッシュ・フローを予想するのに役立つ情報として「時価」や「割引現在価値」が使われるということです。時価はその資産が将来多くのキャッシュ・フローを生むとみなされる場合は，取得原価よりも高くなります。またその資産が少ないキャッシュ・フローしか生まない場合は，取得原価よりも低くなります。いずれにしても取得原価とは異なる現在時点の価値を示すのが時価となります。割引現在価値は時価に代わるものですが，詳しくは次に見てみましょう。

　伝統的な資産観と新しい資産観はどこに違いが現れるかといえば，「評価の原則」が取得原価ではなくなるという点と，「費用配分の原則」が不要となるという点です。

3 ▌資産の認識と測定

　何を資産としてとらえ，いくらの金額として計上するかということは，財務諸表を作成するうえでは重要となります。

　何を資産としてとらえるかを，会計では「認識」と呼びます。資産かどうかを確定することが「認識」です。次に，それをいくらの金額として計上するかが問題となります。金額を確定することを「測定」といいます。この認識と測定は，以下の負債や純資産だけでなく後の章で見る費用，収益にも当てはまります。

　何を資産とするかという資産の認識については以下の章で具体的に述べるの

で，ここでは資産の測定について見てみましょう。

　資産評価の考え方には大きく分けて2つあります。すでに見たように取得原価評価と時価評価です。それを測定として見ると，時価評価は時価（市場価格）と割引現在価値に分かれるので，本書では資産の測定基準を基本的に以下の3つとして見てみたいと思います。

$$資産の測定基準 \left\{ \begin{array}{l} 取得原価 \\ 時価 \\ 割引現在価値 \end{array} \right\} \; 公正価値（国際会計基準の呼び方）$$

　「取得原価」とは，資産の取得時における取引価額のことをいいます。取引時点の価額は時間の経過で過去のものとなるので「歴史的原価」とも呼ばれます。取得原価は，取引が領収書などの証拠書類によって裏づけられるので客観性があり，取引の際に資金の動きを伴うので資金的な裏づけのある測定値とみなされます。複式簿記の帳簿方法が取得原価を中心とするものであるので，取得原価会計は複式簿記と一体のものであるといえます。

　それに対して，「時価」は取得時点ではなく決算時点の価額をいいます。時価から見れば，取得原価は過去の情報であるという欠点があります。取得時ではなく，決算時点の経済的価値を反映した価額を求めようとする場合には，時価が必要になります。時価は市場価格から得られますが，どのような時価の評価技法を用いるかは，時価算定基準によって定められています。

　市場価格がない場合には，例えば市場価格を推定するために割引現在価値が使われます。「割引現在価値」とは，資産の利用から得られる将来キャッシュ・フローを見積もり，一定の割引率（利子率）で割り引いた測定値をいいます。時価評価が求められるようになると，資産によっては市場がない場合も多く，割引現在価値が使われる場面が増えていくということができます。

　国際会計基準では，時価と割引現在価値をあわせて「公正価値」（fair value）と呼んでいます。「公正価値」を資産・負債に適用する方向を国際会計基準は強めていますが，そのような会計は「公正価値会計」と呼ばれています。日本では会計基準において公正価値会計は正式の名称となっていませんが，以

下の説明ではこの言葉を使いたいと思います。

4 ■ 貸借対照表の項目区分

　貸借対照表の仕組みを項目の区分によって示すと次のようになります。次章からそうした項目区分について学習していきますが，項目区分のイメージをもつための資料として利用してください。

資 産 の 部		負 債 の 部	
流 動 資 産		**流 動 負 債**	
現金預金	×××	買掛金	×××
売掛金	×××	未払金	×××
有価証券	×××	未払法人税等	×××
商　品	×××	修繕引当金	×××
製　品	×××	**固 定 負 債**	
固 定 資 産		社　債	×××
＜有形固定資産＞		長期借入金	×××
建　物	×××	退職給付引当金	×××
機械装置	×××		
土　地	×××	純 資 産 の 部	
＜無形固定資産＞		**株 主 資 本**	
特許権	×××	資本金	×××
のれん	×××	資本剰余金	×××
ソフトウェア	×××	資本準備金	×××
＜投資その他の資産＞		その他資本剰余金	×××
長期貸付金	×××	利益剰余金	×××
投資有価証券	×××	利益準備金	×××
関係会社株式	×××	その他利益剰余金	×××
繰 延 資 産		**評価・換算差額等**	
株式交付費	×××	その他有価証券	×××
開発費	×××	評価差額金	
		繰延ヘッジ損益	×××

第6章

資産の特徴と見方

❓ クイズで考えよう

<問題1> 当座資産，棚卸資産，売上債権という名称は貸借対照表に表示されるでしょうか？
（1）される　　　　（2）されない

<問題2> 財務諸表に表示される有価証券の名称は何でしょうか？
（1）売買目的有価証券　　（2）有価証券　　　　（3）関係会社株式
（4）満期保有目的債券　　（5）その他有価証券　　（6）投資有価証券

<問題3> 長期に保有する資産は，使用するたびに一部が費用（減価償却費）となり，それを減価償却と呼びますが，会計学の説明で正しいものはどれでしょうか？
（1）資産は使えば古くなっていくので，金額を減らすのが減価償却である。
（2）資産を使えば，その資産の価値の一部が製品や商品に移っていくが，それを計算するのが減価償却である。
（3）資産を徐々に費用に変えても現金支出をするわけではないのでその分のお金が企業に留保されるが，そのように資金をたくわえていくのが減価償却である。
（4）資産は費用化する性質をもっており，そうした費用は利益の計算を左右することになるので，毎期の費用を均等化するのが減価償却である。

<問題4> 資産の説明で正しいものはどれでしょうか？
（1）資産は企業の財産なので，すべて現金に換えることができる。
（2）資産は企業の財産であるが，企業が所有していない資産も含まれる。
（3）資産は企業の財産なので，多いほうがよい。
（4）財務諸表に計上されない資産もある。

1 ▌資産の区分

　貸借対照表の左側にある資産について，詳しく見てみましょう。

　資産は，「流動資産」「固定資産」「繰延資産」の3つに区分されます。流動資産から並べるのが流動性配列法，固定資産から並べるのが固定性配列法です。多くの企業は，次のような流動性配列法によって資産を表示しています。

$$
\text{資産} \left\{ \begin{array}{l} \text{流動資産} \\ \text{固定資産} \\ \text{繰延資産} \end{array} \right.
$$

　「流動資産」とは，短期間に現金へ向かって流動化（現金化）する資産のことであり，「固定資産」とは，現金化がなされないか現金化が長期にわたる（資金が固定化された）もので長期に保有される資産のことです。

　流動と固定の区分は，正常営業循環基準ないしは1年基準（ワンイヤールールともいう）によってなされます。

　正常営業循環基準では，企業の本業の活動（会計では営業活動という）での「仕入→製造→販売→現金」（商品の場合は「仕入→販売→現金」）のプロセスにある資産が流動資産となります。例えば，一般の企業では土地は固定資産に分類されますが，不動産会社のもつ分譲用の土地は販売対象なので，販売期間が1年以上にわたっても流動資産に分類されます。1年基準では，その名称のとおりに1年以内に現金化する資産が流動資産となります。正常営業循環基準に当てはまるものにはまずそれを適用し，それに当てはまらないものには1年基準が適用されます。

　「繰延資産」は，企業を立ち上げたときの特別の費用（創立費，開業費）などを資産とみなして繰延計上（一度に費用とせず数期間にわたって計上）するものです。費用を繰り延べただけのものなので，換金性はまったくありません。一部の特別な費用のみが限定的に繰り延べを認められて繰延資産となります。

2 ▌流動資産とは何か

　流動資産は，「当座資産」「棚卸資産」「その他の流動資産」に分類されます。財務諸表上ではそうした用語は出てきませんが，資産の特徴を見る場合には見る側でそうした分類の知識が必要となります。特に，当座資産，棚卸資産は経営分析においてよく使われます。

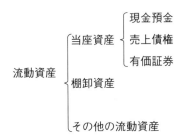

　　クイズ＜問題１＞の正解は（２）となります。「当座資産」「棚卸資産」「売上債権」のいずれの名称も財務諸表には表示されませんが，財務諸表を読む力をつけるには覚えておく必要があります。

当座資産とは何か

　「当座資産」の当座とは「ただちに」という意味で，当座資産は，短期間の現金化がほぼ確実な資産（ただちに現金化できる資産）のことをいいます。当座資産には，「現金預金」「売掛金」「受取手形」「電子記録債権」「有価証券」が含まれ，売掛金と受取手形，電子記録債権はまとめて「売上債権」と呼ばれます（売上債権という用語も財務諸表には出てきません）。売上債権は短期貸付金とあわせて「金銭債権」と呼ばれることもあります。

　換金性の高い当座資産を多く保有する企業は，負債（流動負債）に対する支払能力が高いと考えられ，その判断には「当座比率」（当座資産／流動負債×100％）などが使われます。その中でも現金預金はもっとも確実な支払手段です。

有価証券とあわせて「手元流動性」と呼ばれ，短期的な支払能力を示します。

手元流動性＝現金預金＋有価証券

売上債権とは何か

「売掛金」「受取手形」「電子記録債権」は，営業取引（売上）によって生じる債権（売上債権）です。売掛金とは，商品・製品の販売代金を一定期間後に受け取る約束になっている金額のことをいいます。取引業者の間ではその場での現金支払いではなく，お互いの信用にもとづく後払いの慣行が古くから定着しています。

「掛けで売る」「掛けで買う」という言葉が使われてきたことから，売る場合は「売掛金」，買う場合は「買掛金」と呼ばれるようになりました。手形は，支払いの約束を形式の定まった証券に書いたもので，単なる口約束のような「売掛金」よりも確実な債権です。手形の扱いは1905年のジュネーブ手形統一条約によって国際的に統一され，日本でも手形法によって定められています。代金を受け取る場合の手形を「受取手形」といい，支払う場合の手形を「支払手形」といいます。最近では，手形の代わりに「電子記録債権」「電子記録債務」も使われます。

こうした売上債権は信用や約束にもとづくものなので，倒産などにより支払われない場合（貸倒れという）が生じます。したがって，会計では貸倒れに備えて売上債権を減額する評価が行われます。その際には一定の率の貸倒見積高に相当する「貸倒引当金」を設定し，売上債権から控除することになります（貸倒引当金については次章で説明）。

売上債権は，貸倒れを除けば短期間に現金化する債権なので，よいように思われますが，売上債権が多額すぎたり，回収に時間を要する企業は要注意です。売上債権は現金回収がされない状態を示すので，その金額が大きく回収に手間取る場合には，仕入の支払いなどのための運転資金に不足が生じることがあります。

有価証券とは何か

　「有価証券」とは，財産についての権利が書かれた紙片のことで，それ自体が価値をもち売買の対象となるものをいいます。有価証券には，主として，株式，社債，国債，地方債などがあります（株式は電子化されたので紙に印刷したものはなくなりました）。

　有価証券は，財務諸表に表示する際に，流動資産上の「有価証券」と固定資産上の「投資有価証券」に区分されます。「有価証券」は 1 年以内の換金（売却や償還）を目的とし，「投資有価証券」は受取配当金や受取利息などを得るための長期保有を目的とします。

```
                  ┌ 有価証券（流動資産）
  表示上の区分  ┤
                  └ 投資有価証券（固定資産）
```

　さらに2000年から，有価証券は評価上の区分が次のようになされるようになりました。これは，有価証券の一部に時価評価を適用するために導入された区分です（金融商品会計については第12章で説明）。時価会計の考え方がこの部分に入ってきたわけですが，時価が適用されるのは売買目的有価証券とその他有価証券であり，取得原価が適用されるのは満期保有目的債券と子会社および関連会社株式です（満期保有目的債券には償却原価が適用される場合もある）。

```
                  ┌ 売買目的有価証券──時価
                  │ 満期保有目的債券──取得原価（償却原価）
  評価上の区分  ┤
                  │ 子会社および関連会社株式──取得原価
                  └ その他有価証券──時価
```

　売買目的有価証券の時価評価損益は損益計算書に算入され，営業外収益や営業外費用に「有価証券評価損益」が計上されます。その他有価証券の時価評価差額は貸借対照表に算入され，純資産の部の「Ⅱ 評価・換算差額等」のところで「その他有価証券評価差額金」として計上されます。なぜこのように異なっ

た扱いとなるかについては後ほど見てみたいと思います。

　注意すべきはこの評価上の区分は，貸借対照表には表示されないという点です。あくまでも表示上の区分にしたがって計上されるので，次のような関係が成り立ちます。

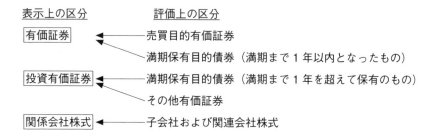

　近年，金融投資が活発化しているので，こうした有価証券を多く保有する企業については，その資産価額や評価損益，評価差額金などについての分析が必要となります。

> 　クイズ＜問題２＞の正解は，上で見たように（２）（３）（６）となります。表示上の名前は，有価証券，投資有価証券，関係会社株式の３つですが，その中に評価上で区分されるどのような有価証券が入るかについて知っておくことが重要です。

棚卸資産とは何か

　もう１つの「棚卸資産」とは，営業活動における販売を目的として保有する資産や製造中の財貨などをいいます。商品や製品の在庫を確認し評価することを棚卸（たなおろし）ということから，棚卸資産と呼ばれます。一般には「在庫」という言い方もされます。棚卸資産には，次のようなものがあります。

「商　品」：外部から購入（仕入という）をして販売するもの

「製　品」：内部で製造して販売をするもの

「半製品」：製造の途中ではあるが製品として販売可能なもの

「仕掛品」：製造の途中にあるもの（「しかかりひん」と読む）

「原材料」：製品を製造するための素材となるもの

「貯蔵品」：製造や販売で使用する消耗品類（文房具，包装材料，燃料，見本品など）

　棚卸資産は取得原価によって評価されます。棚卸資産は，期中に何度も仕入れたり製造したりするので，そのたびに取得原価が変化します。また棚卸資産は取得原価で評価されたうえで，販売によって出ていく払出原価と在庫となる未払出原価とに費用配分されます。これは前の章で見た「費用配分の原則」にもとづくものです。

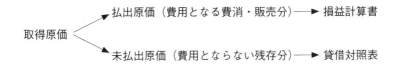

　このときに払出原価と未払出原価とを配分する評価方法として，先入先出法，平均原価法（移動平均法，総平均法），売価還元法，個別法などが使われます（序章で出題したクイズ＜問題３＞は先入先出法と平均原価法についての問題でした）。財務諸表の注記事項を見ると，どの方法を使っているかを知ることができます。

　棚卸資産の期末における評価は，以前は取得原価とされていましたが，国際会計基準の影響によって新たな基準が導入され，現在では，いわゆる「低価法」（簿価切り下げ）が行われるようになりました。期末における時価が取得原価よりも下落している場合は，時価（低い時価なので低価という）を棚卸資産の金額とします。

　時価が使われるのは「収益性の低下による」場合とされていますが，この理由は減損会計の考え方（後に学習）と共通しています。儲けが出なくなった場合には，投資家にリスクを示すために低価に修正するというのはもっともなようですが，市場価格が明確でない場合は，企業による見積りが認められていて，企業の経営判断が入りうることにも注意しておく必要があります。

　これらの在庫は景気の変動や市場の動向によって変化しますが，業績が上が

ると少なくなり，反対に下がると売れ残って多くなる傾向があるので，業績を判断するポイントになります。棚卸資産が多いのは問題ですので注意してみましょう。

3 ▌ 固定資産とは何か

　固定資産とは，企業活動のために長期に保有される資産のことで，固定資産は，「有形固定資産」「無形固定資産」「投資その他の資産」の3つに分類されます。

　　　　　　　┌ 有形固定資産
　固定資産 ┤ 無形固定資産
　　　　　　　└ 投資その他の資産

　「有形固定資産」は，企業の本業を支えるために長期間使用される物的資産を指します。それに対して「無形固定資産」は長期間にわたり収益に貢献する，形のない資産を指します。「投資その他の資産」は，企業グループへの投資や長期の金融投資に向けられる資産を指します。

有形固定資産とは何か

　有形固定資産には，「建物」「構築物」「機械装置」「工具器具備品」「車両運搬具」「リース資産」「土地」「建設仮勘定」などがあります。

「建物」：事業に使用する屋根，壁，柱をもつ建築物（事務所，工場，店舗，倉庫等など）

「構築物」：建物以外の工作物や土木設備（看板，広告塔，アンテナ，煙突，塀など）

「機械装置」：主として製造や建設で使用される機械および装置

「車両運搬具」：鉄道車両や自動車，地上運搬具（フォークリフト，クレーンなど）

「リース資産」：リース（賃貸）物件で資産計上が必要なもの

「土地」：人為的に区分した陸地（販売用の土地は棚卸資産になる場合もある）

「建設仮勘定」：建設・製作が完了せず有形固定資産として使用されていないもの

　有形固定資産の金額や割合は，企業の設備投資の状況を示します。本業が低迷する場合や，子会社・関連会社への投資が増加する場合には，有形固定資産の比率が低下する傾向となります。

減価償却とは何か

　有形固定資産で重要なのは「減価償却」です。有形固定資産は使用または時の経過とともに価値が減少していきます。土地と建設仮勘定を除く有形固定資産はすべて償却の対象となるので償却性資産とも呼ばれます。その減価（価値の減少）を表わすための手続きが減価償却です。

　減価償却については，経済学的な見方と会計学的な見方があります。

　経済学では，経済的価値はすべて人間の労働（力）が作り出すもので，製品（商品）の市場での売買（現金との交換）価額は製品の経済的価値の大小によって決まるとされます。図１のように，製品の価値は，外部から入ってくる価値と内部での労働によって新たに付け加えられる価値（付加価値という）の２つから生まれます。外部からの価値は２つの部分からなっています。原材料の価値分と生産手段（有形固定資産）の価値のうち生産によって徐々に製品に移転する価値分です。

　この生産手段の価値移転分が経済学における減価償却となります。経済学では生産手段（有形固定資産）の価値が減った分は製品のほうに移っていったと考えるわけです。

　しかし，会計学では異なります。すでに述べたように資産は「費用のかたま

図1　経済学的な減価償却

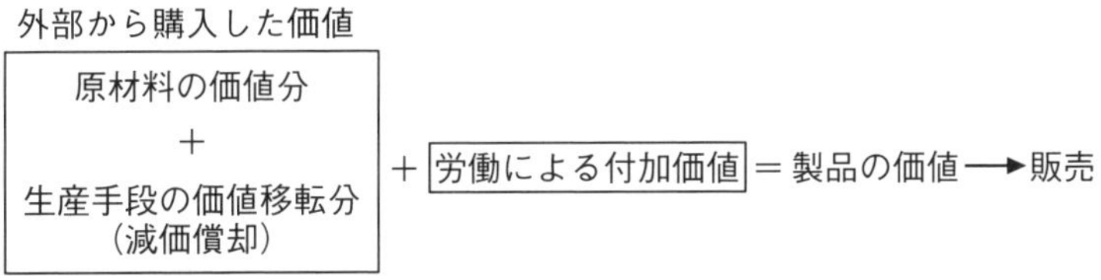

外部から購入した価値

| 原材料の価値分
＋
生産手段の価値移転分
（減価償却） | ＋ | 労働による付加価値 | ＝ 製品の価値 ⟶ 販売 |

り」なので，資産は使用によって費用へと変わっていくと考えます。経済学も会計学も資産が使用によって価値が減少するという点では同じですが，経済学では資産の減少を「価値の移転」と見るのに対し，会計学では「資産の費用化」ととらえます。会計学では費用は収益を生む要因であるので，資産の減少は「収益への貢献」と見ることができます。

　そのことから会計学では，取得原価を使用期間（耐用年数という）にわたって費用配分することを減価償却と考えるわけです。図2のような，減価償却による費用化が毎期に行われます。価値の減少分は減価償却費という費用になりますが，減価償却費が毎期に変化すると，年度ごとの利益額に大きな影響を及ぼす危険が生じます。なぜならば，「収益－費用＝利益」の計算の中の「費用」の部分に減価償却費が入るので，その金額の大小が利益の額を左右するからです。そこで，適正な期間損益計算のために適正な減価償却費の計上（適正な費用配分）が求められます。それは毎期の利益を平均化するためとされています。

　したがって会計学では，減価を表わすために，有形固定資産の取得時の価額（取得原価）を使用期間（耐用年数）にわたって最後に残る金額（残存価額）まで，一定の方法（減価償却方法）で費用として規則的に配分する手続きが，減価償却として定義されます。

　① 取得原価，②耐用年数，③残存価額の3つを，減価償却の3要素といいます（残存価額は10％ないしはゼロとされる）。それらの要素を基礎に次の減価償却方法が認められています。定額法，定率法，級数法，生産高比例法の4つです。

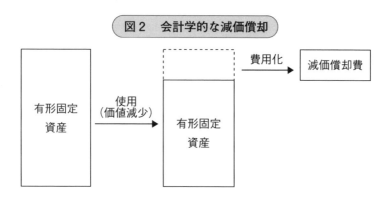

図2　会計学的な減価償却

　主として使われる定額法と定率法の２つについて見てみましょう。定額法は毎期，定まった同じ額を減価償却費とし，定率法は毎期，同じ償却率を残高に乗じて減価償却費とします。

> 定額法 ―― 毎期，定額を減価償却費とする
> 定率法 ―― 毎期，定率を未償却残高に乗じた額を減価償却費とする

　事例として例えば，取得原価1,000万円の機械装置が10年の耐用年数で，残存価額が取得原価の10％（100万円）とすれば，定額法と定率法の計算は次のようになります。

　定額法における減価償却費の計算式は，（取得原価1,000万円 − 残存価額100万円）／耐用年数10年＝90万円となります。毎期，定額の90万円を減価償却費とするのが定額法です。

　他方，定率法は10年の耐用年数の場合，毎期，償却率「0.206」（償却率表を使用）を残高に乗じます。上の事例で計算すれば，１年目は減価償却費が206万円（1,000万円×0.206），２年目は163万円（794万円×0.206），３年目は130万円（631万円×0.206）となり，最後の10年目には25万円（125万円×0.206）になります。つまり定率法の場合は前半のほうは減価償却費が定額法に比べて大きく，後半になればなるほど減価償却費が小さくなっていき，５年目には約75％を償却してしまいます。こうした償却を加速償却といいます。最初に加速をつけて多めに償却する方法です。

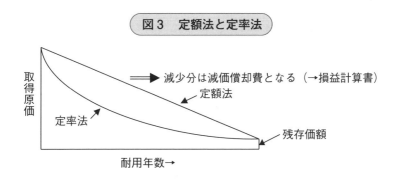

図３　定額法と定率法

取得原価

減少分は減価償却費となる（→損益計算書）

定額法

定率法

残存価額

耐用年数→

定額法と定率法をイメージ図にすれば前ページの図3のようになります。

減価償却費の合計額は「減価償却累計額」と呼ばれ，財務諸表に表示される
か，注記に表示されます。財務諸表に表示される場合は，以下のように，まず
機械装置の取得原価が示されたうえで，減価償却累計額が控除され，現在の機
械装置の純額が表示されます。

機械装置	9,000万円
減価償却累計額	△2,400万円
機械装置（純額）	6,600万円

法人税法上では減価償却は，残存価額をゼロとした定額法と200％定率法に
よる計算が行われます。200％定率法とは定額法の償却率を2倍（200％）にし
た率を償却率にして減価償却費を計算する方法です。残存価額が一定の額（償
却保証額）にまでなった時点から改定償却率を使って減価償却費を計上し，最
後に1円を備忘価額として残します。税法上，残存価額はゼロとしていますが，
資産はまだ使用できる状態にあるので帳簿上に資産が存在することを示すため
の数値1円が備忘価額ということになります。

近年の法人税法は，より加速のつく減価償却が可能となる200％定率法を認
めています。なぜこのような過大な加速償却を導入したかといえば，経済を活
性化するためといわれています。業績の良い企業であれば過大な償却費を負担
することが可能なので，200％定率法を採用することで次に見るように資金を
貯めて投資に回すことができるというわけです。

減価償却による資金留保

減価償却には資金を留保する効果があります。減価償却費は資産が費用化し
たものですが，この減価償却費は現金支出されない費用であるという点に大き
な特徴があります。給料や支払家賃のように多くの費用の場合は現金を支払い
ますが，減価償却費は帳簿上での計算にすぎないので，誰にも現金は支払われ
ません。したがって，減価償却費の分だけ現金が企業外に出ていかずに，企業
内に留保されます。次の計算において，収益も減価償却費を除く費用もすべて

現金収入，現金支出になると仮定すると，利益は200ですが，企業の手元の現金はプラス200の400となります。これは減価償却の資金留保効果です。

収　　益　1,000　－　費　　用　800　　＝　利　益　200
　　　　　　　　　　　（うち減価償却費 200）

現金収入　1,000　－　現金支出　600　　＝　現　金　400

　資金という面から見ると，減価償却は毎期にお金を貯める仕組みということになります。耐用年数が終わり，その有形固定資産が使えなくなると，貯まったお金でその有形固定資産を買い替えることが可能となるのです。減価償却累計額（減価償却費の合計）は，資金がどのくらい留保されたかを示す項目であると見なければなりません。

　定率法は早いスピードで償却するので，当初の利益を小さくする結果となり，早期に資金を留保することが可能となります。定率法は，業績の良い企業や設備を早めに更新する企業により採用される場合が多いといえます。償却方法の変更がなされる場合は注意が必要です。

　税法上では租税特別措置で，減価償却をさらに早めることが認められる場合があり，それは特別償却と呼ばれます。これは政策的な早期償却を意味し，その資金留保の効果はさらに大きなものとなります。

> 　クイズ＜問題3＞の正解は（3）と（4）です。（1）は古くなるから減価償却するということではないので間違いです。（2）は経済学の説明であって会計学の説明ではないので正解とはいえません。

無形固定資産とは何か

　無形固定資産には，「法律上の権利」「のれん」「ソフトウェア」の3つがあります。無形固定資産でも，定額法で残高をゼロとする償却が行われます。

　「法律上の権利」には，「特許権」「実用新案権」「商標権」「意匠権」などがあります。これらの権利は，使用により価値を生むことから資産価値があると考えられ，通常，有償で取得した場合に無形固定資産となります。

特許権：新発明や新技術を独占的に利用できる権利

実用新案権：新しい実用法を独占的に利用できる権利

商標権：自社の製品・商品を表わすトレードマークを独占的に利用できる権利

意匠権：物品のデザイン（形，模様，色など）を独占的に利用できる権利

　「のれん」とは何でしょうか。M&Aなどによって企業そのものを買収する際に，企業の純資産額を上回って高い価額を支払った場合に生じる超過額をいいます。超過額が生じるのは，買収対象となる会社が同業他社よりも優秀な技術や知名度等により多くの収益を上げる能力をもっている場合です。昔から「のれん」とは店の信用力を表わすとされてきました（名店の弟子が親方の許可を得て新しい店を出すことを「のれん分け」という）。

　そのような超過収益力を表わすものを指してのれんといいます。企業の合併や買収（会計では企業結合という）によって取得した際の超過額がのれんとして資産計上されます。以前は「営業権」と呼ばれていましたが，2006年の会社法で「のれん」に名称が変更されました。企業買収や合併により企業を拡大している企業には，多額ののれんが生じます。

　日本の会計基準ではのれんを20年以内に償却することが義務づけられています。買収によって得た超過収益力が資産として長期に活用されることを想定しているため償却が必要であると考えるからです。

　それに対して国際会計基準ではのれんを償却せず，代わって減損を行うという方法をとっています（減損については第12章で説明）。償却を行わないので償却費が損益計算書に計上されません。結果として費用が減るので日本基準と比べて利益が多めに出ることになります。近年，日本でもM&Aが盛んに行われるようになり多額ののれんを計上する企業が増えていますが，そうした中にはのれんの償却で利益が減少することを嫌い，国際会計基準に切り替える企業が増えてきています。のれんを償却するか否かは財務会計上の大きな問題となっています。

　「ソフトウェア」とは，コンピュータ・ソフトのことを指します。現代の企業が，すべて何らかの形でコンピュータ・ソフトを制作したり活用していることはいうまでもありません。ソフトウェアは収益をもたらす資産価値があるの

で，無形資産となりますが，制作目的によって，無形固定資産と研究開発費に
振り分けられます。

ソフトウェア
- 販売目的の製品マスターの開発や著しい改良　➡研究開発費
- 販売目的の製品マスター完成後の制作費　➡無形固定資産
- 自社利用目的のソフトの制作費　➡無形固定資産

投資その他の資産とは何か

　固定資産の3番目は，「投資その他の資産」です。主として「投資有価証券」
「長期貸付金」「関係会社株式」（子会社および関連会社株式）などがあります。
　「投資有価証券」は金融投資の意味を持っており，近年，本業以外の金融収
益の増大を図るため，多くの企業は「投資有価証券」を増加させる傾向にあり
ます。「投資有価証券」に含まれる「その他有価証券」は時価評価され，評価
差額は純資産の部の評価・換算差額等に「その他有価証券評価差額金」として
計上されます（当期損益ではありません）。日本では歴史的に企業同士が株式
を持ち合う慣行がありました。近年，減少傾向となっていますが，なお多くの
銀行や企業が「持合株式」を保有しています。こうした持合株式は「その他有
価証券」に分類されることにより，毎期，時価評価され，評価差額の大小は純
資産の額の変動をもたらすものとなります。企業がどの程度こうした有価証券
を保有し，どのような財務的影響を受けるかについて調べる必要があります。
　「関係会社株式」は企業グループへの投資を意味し，その金額は企業グルー
プへの投資の程度を表わします。近年ますます企業グループが拡大する傾向に
ありますが，それを反映して親会社の個別貸借対照表上で有形固定資産が減り，
関係会社株式を含む投資その他の資産が増加するケースがよく見られます。

4 ▌繰延資産とは何か

　繰延資産には，「創立費」「開業費」「株式交付費」「社債発行費等」「開発費」
があります。これらは，収益効果が将来にわたって生じる特別の費用である場
合にのみ，繰り延べが認められている項目です。

　会社の設立・開業に伴う特別の費用が「創立費」と「開業費」です。会社にとって一生で一度だけの特別の費用です。創立費は，会社設立のための登記費用，株式募集の費用，事務費などです。開業費は，設立後から会社開業までの建物等の賃借料，広告宣伝費，従業員給料，事務費などです。

　会社の株式や社債を発行するための特別の費用が「株式交付費」と「社債発行費等」です。株式や社債の発行も時々しか行われないので特別な費用となります。株式交付費は，新株の発行だけでなく自己株式（発行済みの自社株を買っておいたもの）の売却（処分という）の際の手数料，広告費などをいいます（自己株式の処分も入るので「発行費」ではなく「交付費」という）。社債発行費等は，社債発行のための印刷費，手数料などです（新株予約権の発行も含むので「等」がついている）。

　「開発費」とは，新技術・新経営組織の採用，資源の開発，設備の大規模な配置替えの場合などの特別な費用をいいます。現在では「研究開発費」に関する会計ルールが作られており，そのルールが主として使われるので，開発費の繰延資産計上はほとんどありません。繰延資産は特別の費用なので，あってもわずかな企業しかなく，あまり分析の対象となることはないといえます。

　　これまで学んできた内容をふまえて，クイズ＜問題４＞を考えてみましょう。（１）は，繰延資産やのれんのような換金性のない資産があるので間違いです。（３）の資産は多ければよいというのも間違いです。売上債権や棚卸資産が多いのは現金化の遅れとなる場合もあるので要注意ということになります。したがって正解は（２）と（４）です。（２）は，リースのような所有していないものも資産に含むことを示しています。（４）は資産ではあっても貸借対照表に計上されないものもありうるので正解です。例えば，従業員の退職金準備のために金融機関に預けている資産は，現在では貸借対照表には計上されずに注記されるのみです（退職金は従業員のものであるという解釈もされる）。また連結財務諸表においては金額が小さいという理由で計上されない子会社もあります。こうした貸借対照表に載らないことをオフバランスといいます。

第7章

負債の特徴と見方

？ クイズで考えよう

＜問題1＞　負債の説明として正しいものはどれでしょうか？

（1）負債の性格は借りたお金（借金）なので返済は法的な義務である。

（2）将来生じると予想される費用や損失のために準備するお金も負債である。

（3）債務はすべて貸借対照表に計上される。

＜問題2＞　流動資産と流動負債の関係について正しい説明はどれでしょうか？

（1）流動負債（買掛金）は返済しなければならないので，流動資産（売掛金）の多いほうがよい。

（2）流動資産（売掛金）は回収するまで現金にならず，流動負債（買掛金）は返済まで現金支出はないので，流動負債が多いほうがよい。

（3）回収と返済のサイクルが釣り合う必要があるので，流動資産と流動負債は同じ金額のほうがよい。

＜問題3＞　利息支払いを伴う負債（有利子負債）について正しい説明はどれでしょうか？

（1）有利子負債が多くなると経営が困難になるので少なくすべきである。

（2）日本は間接金融中心なので，有利子負債を使って経営すべきである。

（3）有利子負債を上手く使えばよいので，有利子負債を活用すべきである。

（4）有利子負債のない経営（無借金経営）こそ理想である。

1 ▌負債とは何か

　貸借対照表の右側に計上されるのが負債です。

　負債とは何でしょうか。負債は純資産と並んで，企業の資金の調達源泉の1つです。調達源泉ではありますが，その性格は基本的に借りたものなので企業はそれを返す義務があります。そのことから伝統的に負債は企業財産を減らすもの（マイナスの企業財産）ととらえられてきました。

　しかし借りたものの返済は法的な義務ですが，その後，負債の概念は拡大され，法的債務以外の将来において外部に提供すべきものも負債とされるようになりました。現在では，資産が経済的資源（将来の経済的便益）と定義されるのに対応して，負債は「将来の経済的便益を犠牲にする現在の義務」と定義されます。

　負債も資産と同じように正常営業循環基準ないしは1年基準にもとづいて，「流動負債」と「固定負債」に分類されます。本業の活動プロセスから生じる債務（買掛金や支払手形など）は正常営業循環基準により流動負債に区分され，それ以外は1年基準により流動負債と固定負債に区分されます。

　　したがって＜問題1＞の答えは（2）となります。将来の費用や損失のために準備するお金は，必ずしも誰かに返す法的な債務ではないので，会計的負債と呼ばれます。その典型は後で見る「引当金」です。また（3）は正解ではありません。債務の中の偶発債務（手形の裏書譲渡高や保証債務など）は負債として計上されないからです。そうした債務はオフバランスとなりますが，注記に計上されるので，そうした点まで見ておく必要があります。

2 ▌負債の区分

流動負債とは何か

　流動負債には，「買掛金」「支払手形」「電子記録債務」「コマーシャルペーパー」「未払金」「前受金」「未払法人税」「短期借入金」「預り金」「引当金」などがあ

ります。

　買掛金と支払手形，電子記録債務は，営業取引（仕入）によって生じる債務で，あわせて「仕入債務」と呼ばれます。商品・製品の販売やサービスの提供を行うほとんどの企業は信用取引を行っていることから，必ず売上債権とともに仕入債務が存在します。「売上債権」と同様に財務諸表では「仕入債務」という名称は示されませんが，よく使う用語なので覚えておいてください。

　「コマーシャルペーパー」は，優良大企業が発行できる無担保の約束手形とされています。1年未満（1カ月や3カ月が多い）での短期の資金調達に使われます。

　ここでは，流動負債の額と流動資産の額の関係を見ることが重要です。流動負債は営業循環内または1年以内に現金を支払わねばならない債務であり，流動資産は営業循環内または1年以内に現金化が行われる債権であるので，その関係から支払能力を知ることができます。支払能力から見れば，流動資産が流動負債を上回っているほうがよいとされます（支払能力については安全性の分析として経営分析について学習する第15章で説明）。

　さらに両者の関係から，運転資本（正味運転資本ともいう）の額を知ることができます。運転資本とは，営業活動などに必要な仕入や給料支払いのための資金のことをいいます。そうした日常的な支払いに必要な余裕資金を手元に置いておかないと，資金のショート（不足）が生じる場合があります。運転資本は，次の計算式で求められます。

流動資産－流動負債＝運転資本

　運転資本から見れば，流動資産が流動負債を上回る分だけ資金の準備が必要とされます。支払能力の分析とは逆に，流動資産の多すぎることが問題となるのです。なぜならば流動資産は現金預金を除き，すぐには現金とはならないからです（反対に現金支払いをすぐにはしなくてよいのが流動負債）。営業活動に不可欠な運転資本をさらに具体的に求める場合には，次の計算式によって計算されます。

（売上債権＋棚卸資産）－仕入債務＝運転資本

　売上債権も棚卸資産もともにすぐに現金化されない分ですが，仕入債務は現金支払いをすぐにしなくてよい猶予分を示します。売上債権と棚卸資産の合計が仕入債務より多いと，その差額分の運転資本が必要となります。なぜならば次の仕入のための資金が不足する可能性があるからです。逆に仕入債務が多いと企業内での資金に余裕が生まれます。仕入先（下請けなど）に対して強い立場にある企業の場合，仕入債務を多くしたり支払期間を延ばしたりする傾向があります。

　　クイズ＜問題２＞の正解は（２）です。流動負債（買掛金）は支払期日まで現金支出が生じないので資金の余裕が生まれますが，流動資産（売掛金）は回収期日がくるまで現金収入がなく手元の現金がないので資金が不足する可能性があります。支払能力（資金の余裕）という点では流動負債が上回るほうがよいということになります。（１）はその逆なので間違いです。（３）も間違いです。回収と返済のバランスを取ることは大切ですが，流動資産と流動負債の金額は同じほうがよいというわけではありません。

固定負債とは何か

　固定負債には，「社債」「長期借入金」「引当金」などがあります。

　「社債」は，資金を一般投資家から集めるために債券として発行される借入証券のことです。償還日までの利息支払いとともに，償還日に元本を返済することが約束され，株式とは違い，社債券保有者に資金が償還（返済の意味）されます。満期償還に至る前に時価で買い入れる場合もあります。

　社債には普通社債と新株予約権付社債があります。新株予約権付社債とは新株を引き受ける権利が付与された社債です。貸借対照表では一括して「社債」と表示されますが，注記にはどのような社債が発行されたかが示されています。

```
        ┌ 普通社債
社債 ┤
        └ 新株予約権付社債
```

　新株予約権付社債には，社債本体と新株予約権が一体なものと，分離可能なものがあります。分離可能な場合，この新株予約権だけの売買も可能なので，新株予約権にも価格が付き売買されます。しかし株価上昇を予想して新株予約権を買っても，株価の上昇がなければ新株予約権は紙クズ同然ともなるので，新株予約権はハイリスク・ハイリターンでもあります。

　新株予約権付社債が発行されると，新株予約権部分は純資産の部に「新株予約権」として計上されます。なぜかといえば新株予約権は株式となる可能性が高いので，潜在的な株主資本として扱われるからです。

　社債を発行した場合，利息を払うので，損益計算書に「社債利息」が表示されます（他の利息と一括して「支払利息」と表示されることもある）。

　株式市場が低迷する場合，しばしば社債を資金調達手段とする企業も多く，どのような社債が発行されているかを見る必要があります。

有利子負債とは何か

　負債の中で注意すべきは，「有利子負債」です。利息を払わなければならない負債を有利子負債といいます。有利子負債という用語は，財務諸表には出てきません。財務諸表を読む側で，流動負債と固定負債から該当する項目を抜き出して分析するための名称です。有利子負債としては，短期借入金，コマーシャルペーパー，長期借入金，社債があげられます。有利子負債が多くなってくると，利息の支払いに追われ，経営が苦しくなります。急拡大しようとする企業に多く見ることができますが，過去には有利子負債が過大となり，産業再生法が適用されたダイエーのような事例もあります。

　有利子負債の利息は，損益計算書の「営業外費用」のところに「支払利息」として表示されます。この支払利息が多くなり営業外収益を上回るようになると，本業の利益（営業利益）を減らすことになります。有利子負債の多さは支払利息の多さにつながることを注意して見てみてください。

　一般には有利子負債は少ないほうがよいといえますが，株式ではなく社債の発行を選択する企業もあります。株式発行に伴う配当金支払いは利子と同じ性質（資本利子とも呼ばれる）をもっているので，社債が選好される場合もあるからです。また自己資本を減らすために，金利の低い負債を増やしたりする企業も存在します。株価を左右する自己資本当期利益率（当期純利益／自己資本×100％）を上昇させるために，負債を増やして自己資本を減らす選択もあるからです。

　💡　クイズ<問題３>の正解は（３）です。有利子負債がすべて悪いわけではなく，時と場合によっては活用する場合もあるからです。（１）は一般論として妥当しますが，ただ少なくするということではないので間違いです。（４）は経営者によってはポリシーの１つかもしれませんが，このクイズでは間違いとなります。（２）は逆に有利子負債肯定論ですが，そのような単純化はやはり間違いです。

---

3 ▌引当金

引当金とは何か

　「引当金」は，将来の特定の費用（または損失）で合理的に見積り可能なものを当期の費用とした場合に生じる負債項目です。引当金には，「貸倒引当金」「賞与引当金」「製品保証引当金」「修繕引当金」「退職給付引当金」などがあります。

　引当金は次の４つの要件を備える場合に設定されます。

①将来の特定の費用または損失であること。
②費用または損失の発生が当期以前の事象に起因していること。
③費用または損失の発生の可能性が高いこと。
④費用または損失の金額を合理的に見積もることができること。

　この４つの要件によって，企業が恣意的に引当金を設定することを制限して

いるとされています。なぜならば，勝手な引当金を認めると，利益を隠すために使われる可能性があるからです。

　4つの要件がそろった場合に引当金が設定されます。引当金は，将来の費用または損失を見越して，費用を先に計上してしまう手続きです。発生の可能性が高いので先取りして費用計上をするのですが，それに対応して負債である引当金が設定されます。負債であるのは，将来に支払いが予想される債務の性格をもつからです。しかし，この債務は普通の借金のように誰かに必ず返済することが義務づけられる法的な債務ではありません。このような法的債務でない特別の負債のことを「会計的負債」といいます。会計の計算の仕組みの中で考案された負債といえます。

　引当金の設定とその取崩しは次のようになります。7月15日の従業員のボーナス（賞与という）支払いのために，3月末決算の時点で「賞与引当金」を設定したとしましょう。

＜引当金の設定＞
　3月31日　賞与引当金繰入（費用）1,000万円 ／ 賞与引当金（負債）1,000万円

＜引当金の取崩し―賞与を現金で支払う＞
　7月15日　賞与引当金（負債）1,000万円 ／ 現　金（資産）1,000万円

　この事例によって，何のために引当金が設定されるかを見てみましょう。引当金の設定は資金の留保のために行われます。3月末の賞与引当金繰入は費用ですが，誰かに現金を支払ったわけではないので，企業内部に資金として留保されます。その仕組みは減価償却費における資金留保と同じです。つまり3月末に現金を留保しておいて，7月15日のボーナスの給付の際に留保した現金が支払われるということになります。これは7月の賞与の支払いに備えてお金を準備することと同じです。

利益の費用化による内部留保
　引当金は古くは準備金と呼ばれる時代がありました。将来の予想される事態

に対して準備するのは，危険に備えるための方策です。戦前は，将来に備えて準備金という名前で利益から差し引いて（利益処分として）企業内に留保されました。しかし，戦後の会計の近代化の中で「引当金」が利益処分ではなく，費用として設定されるようになりました。利益処分としての設定か，費用化による設定かは大きく違います。

<利益処分>
収益1,000－費用700＝利益300 ━━▶ 準備金設定100（資金留保）

<費 用 化>
収益1,000－費用800＝利益200
     （引当金繰入100）━━▶（利益留保100）

　費用化することによって，事前に利益を留保することができるようになりました。利益が出てからの設定では，株主から反対が出る可能性があります。株主は利益の分配を求める権利があるからです。費用として認められるとその心配はありません。会計のルールや税法によって，将来への備えがしやすくなったといえます。しかし，この仕組みを見ると，利益を事前に留保していることがわかります。過大な引当金の設定が行われると，企業の都合で利益を貯めることが可能となります。引当金については利益留保（資金留保）という点からの分析が必要となります（第15章でこの問題を検討します）。

引当金の分類

　引当金はその性質によって次の３つに分けることができます。

　評価性引当金──貸倒引当金
　負債性引当金──賞与引当金，製品保証引当金，修繕引当金，
　　　　　　　　　ポイント引当金，退職給付引当金など
　利益留保性引当金──特別法上の準備金など

　評価性引当金は，特定の資産の減少を評価する役割の引当金で，貸倒引当金がそれに該当します。特定の資産とは，流動資産の場合は売上債権や短期貸付金などの金銭債権，固定資産の場合は長期貸付金などの投資債権です。いずれも相手からの返済を待つ債権であるので，常に貸倒れの危険性があります。その貸倒見積高を予想し，その分をそれらの資産からマイナスする役割を果たすのが貸倒引当金です。資産評価のための貸倒引当金だけは，マイナス項目として次の事例のように資産の側に計上されます。

```
長期貸付金　　　　600,000
貸倒引当金　　　　△30,000（長期貸付金の５％の貸倒見積高を予想）
```

　負債性引当金には，ほとんどすべての引当金が含まれます。１年以内の取崩しを想定したものは流動負債，１年を超えるものは固定負債に区分して計上されます。引当金の中でもっとも大きな金額となる「退職給付引当金」の仕組みについては第13章で説明します。

　利益留保性引当金は，将来の費用を想定する根拠が乏しく４つの要件には当てはまらない引当金です。結局は利益の留保を意図したものとみなされることから，利益留保性引当金と呼ばれます。かつての高度成長期には「特定引当金」という名前で，企業が自由に設定できる利益留保性引当金が容認され，企業の拡大に利用されていました。今日では，それは特別法上の準備金の中に残っています。特定業種に対する法令で強制されているもので，特定業種の保護のために認められています（電気事業法の渇水準備金や金融商品取引法の金融商品取引責任準備金など）。

　しかし，明確な形の利益留保性引当金は限られますが，上で見たように，すべての引当金は利益の事前の留保によって設定される性質をもっています。企業の見積りによって引当金の金額が設定されるので，過大な引当金が設定される場合には，利益留保の要素が強まることが考えられます。経営分析の中の内部留保分析においては，引当金の分析が重要となります。

第8章

純資産（資本）の特徴と見方

❓ クイズで考えよう

<問題1> 資本（純資産）の説明で正しいものはどれでしょうか？

（1）株主が払い込んだ（出資した）ものが資本である。

（2）株主が払い込んだ資本と留保された利益が資本である。

（3）資産と負債の単なる差額であるので，資本と呼ばず純資産という。

<問題2> 株主が出資したお金をすべて資本金にするかどうか？

（1）する（会社は出資したお金で成り立っているので当然，資本金である）

（2）しない（出資した一部は赤字のときに使う予備として資本金からはずせる）

<問題3> 株主への配当（分配）に関する説明で正しいものはどれでしょうか？

（1）利益から配当されるので，赤字のときは配当できない。

（2）留保された利益は株主のものなので，すべて配当することができる。

（3）株主が支払った資本とされる部分も配当に回すことができる。

<問題4> 自社の株式（自己株式）についての説明で正しいものはどれでしょうか？

（1）自社の株式を企業が買って株主にお金を払うのは株主への分配である。

（2）自己株式も買った後に再び売ることができるので資産である。

（3）自社株買いに制限がないので，自社が自社の最大の株主になることもできる。

1 ▌純資産（資本）とは何か

すでに述べたように，以前は「資本」と呼ばれていたものが「純資産」と呼ばれるようになりました。国際会計基準では「資本」のままなので，「純資産」は日本の会計ルールで使われる名称です。まず会計の理論を学ぶ際には，資本の概念が基礎となるので，ここでの説明では資本という用語を使いたいと思います。

資本とは何でしょうか。株式会社を成立させる出資（元入ともいう）が資本とされます。資本は英語でキャピタルと呼ばれます（現在ではキャピタルではなくエクィティと呼ばれることが多い）。このキャピタルという言葉はラテン語では「頭」という意味ですが，人間にとって頭が重要であることから転じて「生命」や「富」を表わす言葉として使われるようになり，会社の生命の元である「資本」という言葉になりました。株式会社はそれまでの会社形態と違って株式を発行しますが，株式発行により払い込まれた資本が資本金と呼ばれ，それによって生み出された利益とともに資本の部が構成されることになりました。

払込資本と留保利益

当初は払い込まれた金額はそのまま資本となっていたので，資本の部は払込資本と留保された利益だけの単純な構造でした。つまり資本の基本的な仕組みは次のようになります。

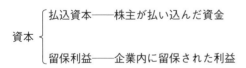

企業は株主からの出資によって払い込まれた資金（払込資本）を使って経営し利益を生み出しますが，生み出された利益のうち株主に配当金（分配分）が支払われた残りが企業内に留保されます。図1のように留保された利益は，次期には資本の追加分となり，払込資本と一体となって増加資本として使われます（図の1期目）。払込資本と留保利益の全部が資本として使われるわけです。

図1　払込資本と留保利益の関係

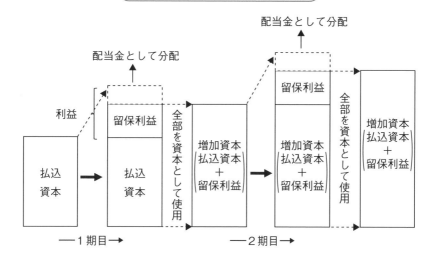

次の2期目にも同じことが行われ，資本がさらに増加していきます。

　このように留保利益は追加の資本としてすべて企業の活動に活用するので資本の性格をもつのですが，株主の目から見ればあくまでも留保利益です。なぜかといえば，株主は留保利益の分配を受ける権利をもっているからです。留保利益は株主の了解にもとづき資本として使われているにすぎず，いつでも株主は留保利益を取り崩すことができる権限があるのです。したがって図2のよう

図2　株主のための資本の表示

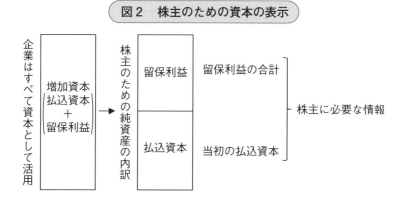

に資本の表示をする際には，どこまでが払込資本でどこまでが留保利益かを明示する必要があります。それを株主が求めるからです。

　しかし現在では，そうした表示は明確ではありません。現在の資本（純資産）の区分と，払込資本，留保利益の関係は次のようになります。Ⅰの株主資本の部分は比較的明確ですが，新しく作られたⅡ，Ⅲ，Ⅳ，Ⅴは少し異なっており，その関係は複雑化しています。

Ⅰ	株主資本	払込資本＋留保利益
	資本金	⟶払込資本部分
	資本剰余金	⟶形式的には払込資本であるが実質は留保利益に近い部分
	利益剰余金	⟶留保利益部分
Ⅱ	評価・換算差額等	資産の時価評価差額（留保利益に近いもの）
Ⅲ	株式引受権	潜在的な払込資本
Ⅳ	新株予約権	潜在的な払込資本
Ⅴ	非支配株主持分（連結）	親会社の資本とは異なる他からの払込資本

　こうした複雑な資本の区分を見ると，なぜ日本では「純資産」と呼ぶかがわかります。「純資産」には，本来の資本にふさわしい「株主資本」のほかに，評価差額部分や潜在的資本部分，負債・資本の中間的部分などが入ってきているからです。日本はこうしたことから「資本」と呼ばずに「純資産」という名称に変えました。しかし国際会計基準では資本と呼んでいます。それは資本の考え方が根本的に異なっているからです。資本は資産から負債を差し引いた単なる差額（資産－負債＝資本）であるという考え方です。

　　クイズ＜問題１＞の正解は（２）（３）ということになります。（２）は資本が払込資本と留保利益からなっていることを示しているので正解なのですが，現在はそれほど単純ではなくなっていることは上で見たとおりです。その意味で（３）が現在の資本についての一番妥当な説明になっています。しかし資本を「差額」として見ることは，長い歴史の中で資本を重視してきた会計にとってよいこととは思えません。ここにも現代の会計の問題点を見ることができます。

純資産の構成

　純資産の構成は次のようなものとなります。各項目の内容を以下に簡潔に示しておきましょう。

Ⅰ　株主資本
　1　資本金　　　　　　　━━▶株式発行額の２分の１以上を組み入れ（原則は全額）
　2　資本剰余金
　　　①資本準備金　　　　━━▶資本金に組み入れない２分の１までが計上可能
　　　②その他資本剰余金　━━▶資本準備金以外の資本剰余金（配当に使用する場合は，配当金の 10 分の１相当額の資本準備金の積立てが強制）
　3　利益剰余金
　　　①利益準備金　　　　━━▶資本準備金と利益準備金の合計額が資本金の４分の１に達するまで積立てが強制（配当金の 10 分の１相当額の積立て）
　　　②その他利益剰余金
　　　　　任意積立金　　　━━▶利益の留保分で目的のあるものと目的のないものがある
　　　　　繰越利益剰余金　━━▶次期に繰り越される利益剰余金
　4　自己株式　　　　　　━━▶自社株の保有分（マイナスで表示）
Ⅱ　評価・換算差額等
　1　その他有価証券評価差額金
　　　　　　　　　　　　　━━▶その他有価証券の時価評価差額
　2　繰延ヘッジ利益　　　━━▶ヘッジ手段の損益の繰り延べ分
　3　土地再評価差額金　　━━▶土地再評価法（2002 年３月まで）による再評価差額
（4　為替換算調整勘定）　━━▶連結貸借対照表の場合の為替換算による換算差額
Ⅲ　株式引受権　　　　　━━▶株式の無償交付による株式引受の権利付与分
Ⅳ　新株予約権　　　　　━━▶新株予約権付社債の発行等による権利付与分
（Ⅴ　非支配株主持分）　━━▶連結貸借対照表の場合に表示される少数株主持分

　Ⅰの株主資本が従来から資本とされた部分であり，Ⅱ，Ⅲ，Ⅳ（連結の場合はⅤ）が新たに加えられたその他の部分です。Ⅱの評価・換算差額等は，新しい会計基準によって導入された時価評価（連結の場合は換算評価も付加）の差額を表示する部分であり，Ⅲ，Ⅳ，Ⅴはこれまで負債と資本の中間にあると考えられていた部分です。このように性格の異なった要素が入るのが純資産です。純資産を定義するとすれば，資産と負債の差額としかいいようがありません。

2 ▍株主資本とは何か

　株主資本が昔から「資本」と呼ばれている本来の資本部分です。「資本金」「資本剰余金」「利益剰余金」「自己株式」に区分されます。

資本金と資本準備金

　「資本金」は，株主が出資した資本そのものです。原則は，株主が払い込んだ金額のすべてを資本金とすべきですが，会社法では2分の1を超えない額を資本金ではなく「資本準備金」とすることができるとされています。その結果，この規定によってほとんどすべての会社が資本金を株式発行価額の2分の1のみにしています。

　1981年までは，額面のみを資本金とし額面を超えた金額を資本準備金とすることができました。当時の額面はほとんどの企業が「50円」でしたので，時価発行額が1,000円だとすると，資本金50円，資本準備金950円とすることが可能でした。その結果，資本金が少額となる一方，資本準備金が多額となる企業が相次ぎ，そのことが国会で問題となったことから，1981年の商法改正により資本金を2分の1にする規定に変わりました。現在も資本金を上回る資本準備金の額が残っている会社が多いのはそのためです。

　💡 クイズ＜問題2＞の正解は（2）となります。ほとんどの企業が株式に払い込まれたお金の2分の1を資本準備金としているのが実態です。

資本剰余金と利益剰余金の関係

　「資本剰余金」と「利益剰余金」は次のような構成となりますが，似た名称となっていることがわかります。

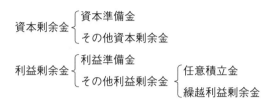

　準備金の名前がついている資本準備金と利益準備金は法定準備金といわれ，商法の時代から一定限度までの積立てが強制され，会社法に変わった今日まで引き継がれているものです。商法，会社法は債権者保護が基本目的ですが，債権者保護のためには資本維持が求められます。資本維持とは債権者への返済資金を保持するために，資本部分の確保を求める概念です。そのため払込資本の性格をもつ資本準備金だけでなく，会社法は利益の一部の積立ても求めますが，それが利益準備金といわれるものです。金融商品取引法にもとづく財務諸表の中に会社法の規定が組み込まれているのが面白いところです。国際会計基準やアメリカの基準にはない日本独特の規定であるといえます。

　資本準備金や利益準備金以外の剰余金には，その他資本剰余金，その他利益剰余金という名称が付けられています。以下，各項目について見てみましょう。

資本剰余金

　「資本準備金」の中心は株式払込剰余金です。上で見たように資本金に組み入れられなかった部分のことを指します。その他にも会社組織の変更（会社分割や株式交換など）による差益も入ります。

　「その他資本剰余金」は，資本準備金以外の資本剰余金です。資本準備金減少差益や自己株式処分差益などがあります。現在では株主総会の決議で資本準備金を減らすことができるようになりましたが，減らした場合の額をその他資本剰余金に移し替える形となります。その名称が「資本準備金減少差益」です。

また保有している自己株式を再び証券市場で売り出した場合に出るプラスの差額も「自己株式処分差益」として計上されます。

　重要な点は，2006年の会社法で，その他資本剰余金が利益剰余金と同じように分配可能となったことです。その他の資本剰余金から配当を行う場合，配当金の10分の1に相当する額を資本準備金として積み立てることが求められます。どこまで積み立てるかの限度額は，資本準備金と利益準備金の合計が資本金の4分の1に達するまでです（次の利益剰余金からの配当も同じような規定が適用されます）。

　さらに資本準備金を取り崩してその他資本剰余金にすれば分配可能とすることもできるようになりました。上で述べた資本維持の考え方が薄らいでいるといえますし，厳しい経済環境の中で，配当のできない会社の存続のために過去の蓄積の取崩しを認める救済的な措置であるという見方もあるくらいです。

　その結果，赤字を抱えた会社が資本準備金を取り崩して配当するという事例も生まれています。最終損益が大幅な赤字となり，会社の留保利益（利益剰余金）がマイナスとなったにもかかわらず，資本準備金を取り崩すことで配当金を支払ったという事例がいくつもみられます。

　こうした点をふまえると，資本剰余金は払込資本なのか留保利益なのか曖昧になってきているといえます。88ページで資本剰余金のことを「形式的には払込資本であるが実質は留保利益に近い部分」と書いたのはそのためです。第15章で内部留保の分析をする際には，留保利益と同様の内部留保であるという説を本書はとっています。

利益剰余金

　「利益剰余金」は「利益準備金」と「その他利益剰余金」からなっていますが，利益剰余金の全体は留保利益に分類されます。

　「利益準備金」は，上で見たように法定準備金です。資本準備金と利益準備金の合計が資本金の4分の1に達するまで，利益からの積立てが求められます。その他の利益剰余金から配当が行われる場合，配当金の額の10分の1に相当する額の利益準備金への積立てが必要となります。利益の一部ではありますが，債権者保護の観点から企業内部への留保が義務づけられているといえます。

　「その他利益剰余金」は，「任意積立金」と「繰越利益剰余金」からなっています。

　任意積立金には，特定目的のための名称を付けた積立金と特定の目的をもたない「別途積立金」があります。別途積立金は企業が様々に活用できる積立金の性格をもちます。利益を上げてきた業績のよい会社には多額の別途積立金が表示されているので，注意して見てください。

　繰越利益剰余金は，当期純利益と前期からの繰越利益からなります。配当金がここから出ていくので，次期に利益が減って配当が支払えない場合を想定して，次期での使用に備えて一定の利益がここに留保されています。

> 　クイズ＜問題３＞の正解は（２）（３）となります。留保利益は株主のものとされ分配可能ですが，さらに現在では株主が払った資本準備金も取り崩せば配当に回すことができます。そのため赤字のときも剰余金から配当することができるのです。したがって（１）は間違いとなります。

自己株式

　「自己株式」は，自社の株式を購入した場合に表示される名称です。2001年までは，自己株式の取得は原則禁止でしたが，アメリカにならって現在では容認されています。

　自己株式を取得すると，その取得額は株主資本から控除され，株主資本の末尾にマイナスで表示されます。控除の理由は，自己株式を購入した場合のお金が株主への一種の分配とみなされ，配当と同じように資本が減ったととらえられるからです。こうした考え方を資本控除説といいます。しかし，2001年までは資産説でした。それまでは自己株式は他の有価証券と同様に換金性のある財産としてみなされていました。自己株式は金庫株ともいわれるように資産性をもっているからです。しかし，なぜ資産説から資本控除説に転換したかといえば，国際会計基準の影響としかいいようがありません。

　自己株式が認められ資本控除説がとられるようになってから，自己株式を取得する企業が増えています。なぜ自己株式を取得しようとするのでしょうか。アメリカでは配当と並んで自己株式の取得が株主への分配として期待される傾

向がありますが，IT・デジタル分野の急成長企業（例えば，グーグルやメタ）などでは配当をせず自己株式取得だけで分配を行う企業も見られます。

　自己株式を取得することを「自社株買い」といいますが，なぜ自社株買いをするかといえば，自社株買いが株主にとって分配となるだけでなく，企業にとってもメリットがあるからです。自己株式を購入すると株価が上がると考えられます。株価の動向を見る指標としてROE（自己資本当期利益率；当期純利益／自己資本×100％）が使われますが，自己株式を購入すると分母の自己資本が減った形となるので，見た目のROEが向上します。つまり，自己株式取得でROEが上昇することで株価を上げる刺激となるのです。その結果，自社が第1位の株主（筆頭株主）となる上場会社が300社以上にも達するという異常な状況になってきています。中には，株価が上がった時点で再び自己株式を売却して，利益を稼ごうという企業も出てきています。自己株式の取得と売却は，株価を高めてお金を生み出す錬金術になりかねない要素をもっていることに注意しなければなりません。

　　クイズ＜問題4＞の正解は上で見たように（1）となります。（2）は2001年以前の資産説に立つ説明なので間違いです。（3）は決して望ましいことではありませんが，残念ながら正解ということになります。

3 ■ 評価・換算差額等とは何か

　純資産の部の2番目は「評価・換算差額等」です。資産の時価評価が行われた場合，評価差額が生じますが，それらを計上するのが評価・換算差額等です。連結財務諸表では名称が異なり，「その他の包括利益累計額」と呼ばれます。なぜ，個別と連結で呼び方が違うかといえば，連結のほうが国際会計基準の影響を受け，時価評価などで生じる差額を利益（包括利益）の一部と見る考え方に立っているからです。

　先に第4章（44ページ）における「非連携」の説明のところで，時価評価の導入で貸借対照表の利益と損益計算書の利益が一致しなくなっている話をしま

した。これを何とか無理やり「連携」させようとすると，損益計算書のほうに貸借対照表で生じる評価差額を計上しなければならなくなります。その場合，こうした評価差額を何という名前の利益と呼ぶかという問題が生じます。これを国際会計基準では「包括利益」と呼び，そうした幅広い利益を示す計算書を「包括利益計算書」と呼ぶようになっています。

　包括利益計算書ではこれまでの利益（実現利益という）とともに「その他の包括利益」が計上されます（2つをあわせて包括利益）。日本の連結財務諸表にも2010年に連結包括利益計算書が導入されたので，連結貸借対照表のほうはそれに対応して，評価・換算差額等をその他の包括利益累計額と呼ぶようになりました。個別財務諸表では「非連携」の状態が続き，「評価・換算差額等」のままとなっているのは，国際会計基準の導入について個別では慎重に進められている（当面は見合わせている）からにほかなりません。

　評価・換算差額等には，「その他有価証券評価差額金」「繰延ヘッジ損益」「土地再評価差額金」などがあります。

4 ▌ 株式引受権とは何か

　「株式引受権」とは，取締役の報酬等として株式が無償交付される契約において，株式の発行に権利確定条件（勤務期間や業績の達成など）が付いている場合，権利保有者が株式を受け取る権利をいいます。会社法改正により2021年3月から適用され，純資産において新株予約権とは別の区分に表示されることになりました。

5 ▌ 新株予約権とは何か

　「新株予約権」とは，新株予約権保有者が選択のうえで株式を行使価格によって受け取る権利をいいます。新株予約権付社債の発行によって新株予約権が生じる場合もあれば，ストック・オプション（従業員に新株予約権を報酬として付与する仕組み）によって生じる場合もあります。以前は負債の部に表示されていましたが，行使されれば株式に変わる潜在的な払込資本であることから純

資産の部に表示されるようになりました。したがって新株予約権が行使される
と，その分は資本金および資本準備金に振り替えられます。

第9章

損益計算書の仕組みと見方

？クイズで考えよう

<問題1> 損益計算書の説明で正しい説明はどれでしょうか？

（1）損益計算書は利益がなぜ生まれたかの要因を示すので，経営状況を見るのに適している。

（2）損益計算書は，消えていくフローを計算する計算書なので，残高で残るストックを表わす貸借対照表を補足する役割をもつ。

（3）損益計算書では，財産の評価損益を表示することができる。

<問題2> 収益と費用について正しい説明はどれでしょうか？

（1）収益と費用は現金収入と現金支出を意味している。

（2）収益と費用は経済価値の増減を意味するが，収益はさらに販売の有無が基準となる。

（3）収益と費用から計算される利益は，評価損益も入るので分配できない。

<問題3> 利益の分配について正しい説明はどれでしょうか？

（1）損益計算書の当期純利益が株主の配当に使われ，残りが企業内の留保利益となる。

（2）損益計算書を見れば，株主への分配額がわかる。

（3）分配先を広く想定すると，元となる利益は費用として利害関係者に分配されている。

1 ▌損益計算書の仕組み

努力と成果

　損益計算書は，企業の経営成績を表示する計算表で，収益，費用のグループからなっています。「収益」は，純資産（資本）を増加させる流入要因を意味し，「費用」は純資産（資本）を減少させる流出要因を意味します。その差し引き計算の差額によって「利益」を表示するのが「損益計算書」です。

　先に述べたように，貸借対照表では，利益は「期末純資産－期首純資産＝利益」という計算方法によって，純資産の増加として表示されます。損益計算書は，この純資産の増加を，期末から期首の控除ではなく，増加させる要因から減少させる要因を差し引く，すなわち「収益－費用＝利益」という方法で計算します。前者が「財産法」と呼ばれるのに対し，後者は「損益法」と呼ばれます。現在では「財産法」を「資産負債アプローチ」，「損益法」を「収益費用アプローチ」という名称で呼ぶことについてはすでに述べたとおりです。「財産法」では期首と期末の時点のストック（有高）差額から利益が計算されるのに比べて，「損益法」ではその期間内で生じる流入（収益）と流出（費用）のフロー（流出入）差額から計算されるのが特徴です。

　損益計算書を示すと，次の図1のようになります。収益で生じた差額は，複式簿記の方式により左側に利益として表示されます。

　企業経営という点から見ると，収益は「経営の成果」，費用は「経営の努力」

図1　損益計算書の基本的な仕組み

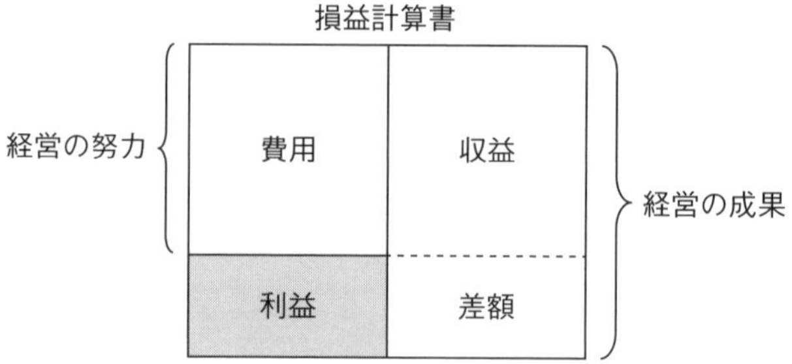

を表わします。したがって戦後長らくは，貸借対照表よりも損益計算書が重視されてきました。なぜならば，経営状況を見るには，その努力と成果を示し，利益が生まれる要因を表わす損益計算書のほうが，経営の結果的な断面しか表わさない貸借対照表よりも適していると考えられたからです。

したがって，当然のことながら利益と現金も違ってきます。利益は，努力と成果による企業経営の結果を表わすもっとも重要な指標ですが，それは現金のような実体的なものではなく，財務諸表の計算上においてのみ把握されるものであるといえます。

また損益計算書では次に述べるように，基本的に評価損益を計上しません（現在では，売買目的有価証券やデリバティブ取引の評価損益のみ計上されるようになっている）。近年では貸借対照表のほうで時価評価がされるようになりましたが，その評価差額は貸借対照表では計上されても損益計算書には示されません。そうした評価差額を損益計算書に入れようとすると，性格が変わってしまうので損益計算書と呼ぶことができなくなります。それを包括利益計算書といいます。包括利益計算書は国際会計基準の影響により，今では連結財務諸表に導入されるようになっています。

> 　したがってクイズ＜問題1＞の正解は（1）です。（2）は間違いです。これまでは貸借対照表のほうが損益計算書の補完をする計算書とされていましたので，（2）の説明は逆になっています。（3）も損益計算書はすべての評価損益を計上しないので正解とはいえません。しかし現在では，売買目的有価証券の評価損益を損益計算書に表示することになっているので必ずしも間違いとはいえません。

損益計算の原則

「企業会計原則」の中の「損益計算書原則」において損益計算の重要な原則が示されています。「発生主義の原則」「実現主義の原則」「費用収益対応の原則」の3つです。そこに費用と収益の従来の考え方が示されているので，見てみましょう。

発生主義の原則

「すべての費用及び収益は，その支出及び収入に基づいて計上し，その発生した期間に正しく割り当てられるように処理しなければならない」とされています。現金の収支そのものではなく，それらをもたらす経済価値の増減が発生している事実にもとづいて収益と費用を認識する考え方をいいます。

実現主義の原則

「売上高は，実現主義の原則に従い，商品等の販売又は役務の給付によって実現したものに限る」とされており，収益については実現（販売等によって資金の裏づけのある確実な対価を受け取ること）となった分だけを収益として認識する考え方をいいます。つまり収益のほうだけは発生だけでなく実現の条件を加味してとらえようとすることを意味します。この考え方は，評価益（未実現収益という）の計上を制限するものですが，現在の会計では時価評価がされるようになってきているので，この原則がゆらいでいるといえます。

費用収益対応の原則

費用が努力として払われたうえで，その結果，成果としての収益が生まれるという考え方にもとづくのがこの原則です。すなわち費用と収益は連動しているので，実現した収益に費用を対応させることが必要になります。特に損益計算書は，費用と収益を対応させる形で作られています。

この3つの原則によって費用と収益が認識され，損益計算書に表示されます。これら原則の根幹は，「実現利益の計算」という点にあります。評価の原則のところで「企業会計原則」は「取得原価会計」を基本的な考え方としていると述べましたが，取得原価会計は実現利益の計算を損益計算の目的としているということができます。

現在は時価会計のほうへ移行しつつあるので，この取得原価会計と実現利益の計算という従来の考え方が変化してきています。しかし，費用配分の原則や実現利益の計算が行われる部分も引き続き残っているので，そういう意味では取得原価会計・実現利益計算と時価会計・評価益計算が混在しているという見方もできます。それについてはハイブリッド会計という言い方もされています。

新しい収益認識基準

　従来の損益計算の原則に加えて，2021年に新しい収益認識基準が導入されました。それは顧客対価モデルと呼ばれます。収益費用アプローチにもとづく実現主義の原則は基礎にありますが，一部，資産負債アプローチも使われるハイブリッド会計的な特徴をもった収益認識基準となっています。

　これまでは顧客に商品の販売やサービスの提供をした場合は，売掛金や前受金のような法的請求権のある勘定科目で表わしていましたが，顧客との契約上，履行義務（商品の引き渡しやサービスの提供の義務）が充足したかどうかでより厳密に収益を認識しようという考え方です。

　履行義務が充足するまでは，売掛金ではなく「契約資産」や，前受金ではなく「契約負債」などの新しい科目を使います。また返金が予想される場合は，その部分を収益とせず「返金負債」という科目で示します。このように収益の認識に際して，その一部をいったん資産（契約資産）や負債（契約負債，返金負債）などで示して，顧客との関係を表わそうというわけです。収益認識にも資産負債アプローチに立つ国際会計基準の影響が生じているといわねばなりません。

> 　クイズ＜問題２＞の正解は（２）となります。経済価値の増減があった場合に収益と費用が発生したととらえますが，収益のほうはさらに市場での販売によって対価が生じることで確実なものとなったかどうかが判断されます。（３）は，損益計算書の利益に現在では売買目的有価証券の評価損益が入りますが，分配可能とされているので間違いです。

損益計算書の仕組み

　損益計算書の具体的な仕組みは次のようなものです。先の図１では左右に並べる形（複式簿記から作られる形）でしたが，実際の損益計算書は利益の性格に従って縦に並べる形式で表わされます（次ページを参照）。

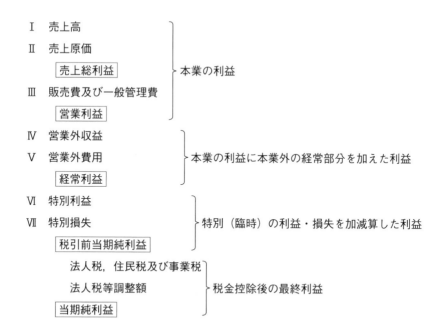

損益計算書ではこのように上から順に,「売上総利益」「営業利益」「経常利益」「税引前当期純利益」「当期純利益」の5つの利益が計算され表示されます。

売上高から売上原価を引くと「売上総利益」が計算され,売上総利益から販売費及び一般管理費を引くと「営業利益」が計算されます。ここまでは,本業から得られる利益です。次は,本業以外の経営活動（金融投資など）から得られる利益を加える段階です。営業外収益から営業外費用を差し引いた損益が,「営業利益」に加減算されて「経常利益」として計算されます。その次が,特別（臨時）に生じる利益や損失を計上する段階で,特別利益を加算し特別損失を減算して「税引前当期純利益」が計算されます。利益の計算はここまでです。税引前当期純利益から法人税などを支払うと最終利益である「当期純利益」にたどりつきます。

2 ▌「売上総利益」「営業利益」の特徴と見方

売上総利益

　本業（商品・製品の販売やサービスの提供）から得た収益である「売上高」（「営業収益」ともいう）から，それらの販売の原価である「売上原価」を控除したものが「売上総利益」です。この場合，費用と収益が直接的に対応しているのがわかります。

　売上高－売上原価＝売上総利益

　売上総利益は粗利益（あらりえき）やマージンとも呼ばれ，企業にとってもっとも重要な利益の源泉となります。売上総利益が大きい場合は，商品や製品そのものの市場価値や収益力が高いことを示します。経済学的に見れば，売上総利益は企業が生み出した付加価値に近いものです。付加価値がどのように分配されているかを損益計算書から読み取ることもできます。

　売上原価は業種によって含まれる項目が異なります。商品売買を主とする業種の場合，売上原価は販売商品の仕入高です。サービス提供を主とする業種の場合，売上原価はありません（売上高を営業収益と呼ぶ場合が多い）。製品製造の業種の場合の売上原価は製品の製造原価が中心となります。製造業の分析では製造原価が重要となります。なぜならばその中に工場等の製造過程で働く従業員の人件費（労務費）やそこでの減価償却費などが含まれているからです。販売費及び一般管理費にも本社や営業それらの人件費や減価償却費があるので，それを合計する必要があります。

　しかし現在は，それを知ることができなくなりました。2014年までは，売上原価の明細が損益計算書に計上されており，また損益計算書に続いて「製造原価明細書」という計算書が示されていましたが，個別財務諸表の簡素化が進み，残念ながら表示されなくなりました。情報開示（ディスクロージャー）の後退といわざるをえません。

営業利益

　次に「売上総利益」から「販売費及び一般管理費」を控除することで「営業利益」が計算されます。営業利益は会社の本業の利益を示します（会計では本業のことを「営業」という）。この場合の売上総利益と販売費及び一般管理費は直接的な対応ではなく，間接的な対応（期間の中での対応）となっています。

　売上総利益－販売費及び一般管理費＝営業利益

　「販売費及び一般管理費」（販管費と略称される）は，営業部門による販売活動の費用（販売費）および本社による企業全体の管理活動における費用（一般管理費）の合計を表わします。販管費も現在では損益計算書では一括表示しかされないので，注記を見てどのような項目があるかを確認する必要があります。

　次の表1の事例のように販管費の注記には営業活動や管理活動における人件費やその他の費用が表示されます（会社によって表示の仕方に違いがあるので注意すること）。

> 表1　販売費及び一般管理費についての注記の抜粋（日産自動車(株)の事例）

※2　販売費及び一般管理費
このうち，主要な費目は次のとおりである。

	前事業年度 （自　2021年4月1日 至　2022年3月31日）	当事業年度 （自　2022年4月1日 至　2023年3月31日）
サービス保証料	52,803百万円	57,521百万円
製品保証引当金繰入額	23,596	34,540
販売諸費	33,346	33,091
給料及び手当	82,231	86,367
退職給付費用	△3,798	△2,972
業務委託費	38,276	43,595
減価償却費	24,952	24,912
貸倒引当金繰入額	△88	△289
車両配給契約関連訴訟費用	38,758	―

　販売費及び一般管理費のうち当事業年度の販売費の割合は約4割であり，前事業年度とおおよそ変動はない。

（出所）日産自動車(株)「有価証券報告書」2023年6月30日付。

　そのようにして導かれた営業利益は，本業から得た利益を表わすものとなります。営業利益の大小が，企業の中心となる本業での収益力の程度を示すことはいうまでもありません。本業で利益が出ているかどうかは企業評価の大きな分かれ目となります。

3 ▍「経常利益」の特徴と見方

　企業は本業以外にも収益活動を行っています。本業以外の活動の主要なものは金融投資活動ですが，金融経済化の進展の中で最近は，そうした本業以外の活動に力を注ぐ企業も多くなっており，それを読み取ることが重要となります。
　「営業利益」に，「営業外収益」から「営業外費用」を控除した差額を加減算したものが「経常利益」です。「経常利益」は，本業からの利益に本業以外の利益，特に金融損益を加えたものとなります。営業外収益と営業外費用を対応させて計算することになりますが，この場合の関係は単に期間で対応しているにすぎないといえます。

　　営業利益＋（営業外収益－営業外費用）＝経常利益

　「営業外収益」には受取利息や受取配当金，有価証券売却益などの「金融収益」や賃貸料などのその他の収益があり，「営業外費用」には支払利息，社債利息，有価証券売却損などの「金融費用」や賃借料などのその他の費用があります。潤沢な余裕資金を金融投資に回す企業では多額の金融収益を得ることも多く，そうした場合には経常利益が営業利益を大きく上回ります。逆に有利子負債の多い企業は，金融費用が膨らみ経常利益が営業利益よりも減少します。金融収益と金融費用がどのくらい含まれているか，金融的な損益がどの程度出ているかを見てみることが重要です。
　また売買目的有価証券の評価損益も営業外収益・費用に計上することとされており，金融市場での証券価格の変動が「経常利益」にも反映するようになってきています。
　こうした本業以外の活動も企業の経常的な活動の一部であることから，特に

日本では，経営活動全体の業績や収益力を示す指標として「営業利益」以上に「経常利益」が重視されてきています（国際会計基準やアメリカ基準による連結損益計算書では「経常利益」の区分は出てきません）。

4 ▮ 「税引前当期純利益」「当期純利益」の特徴と見方 —

　企業は経常的な活動のほかに，臨時で特別な活動や事象も生じます。そうしたことから生まれる臨時で特別な利益や損失が「特別利益」であり「特別損失」です。「経常利益」に「特別利益」を加算し「特別損失」を減算したのが「税引前当期純利益」です。

　「特別利益」には固定資産売却益や投資有価証券売却益などがあり，「特別損失」には固定資産売却損や固定資産除却損，投資有価証券売却損などがあります。特に特別損失には，近年，リストラ費用である「事業構造改善費用」や減損会計の適用による「減損損失」が計上されるケースも多くなっています。

　「税引前当期純利益」は，読んで字のごとく，税金を差し引く前の当期純利益を表わします。基本的には，この利益額に税率を乗じたものが税額となります。「税引前当期純利益」から「法人税，住民税及び事業税」が控除され，「法人税等調整額」が加減算されて，「当期純利益」が計算されます。法人税等調整額は，税効果会計（会計上の利益と税法上の利益〔所得〕の相違を調整するための会計）を適用することにより，法人税を繰り延べたり繰り入れたりするものです。そうした場合，繰り延べによる繰延税金資産，繰延税金負債が貸借対照表のほうに計上されます。

　「当期純利益」はその期に企業が得た最終的な利益であり，この利益が株主の配当に使われ，企業の内部に留保されます。以前は，当期純利益は「利益処分計算書」において配当や留保などへ処分されましたが，現在では，当期純利益は貸借対照表における株主資本の中の利益剰余金（繰越利益剰余金）に入れられ，そこから配当金の分配に使われます。資本剰余金（その他資本剰余金）も分配に使われるので，そうした点は，「利益処分計算書」に代わる「株主資本等変動計算書」の中で，剰余金の変動と処分として表示されることになっています。

　　クイズ＜問題３＞の正解は（１）です。上で説明しましたが，現在は当期純利益はいったん利益剰余金に入れられてから配当されることに注意してください。また当期純利益だけが配当の原資になるわけではなく，その他資本剰余金からも配当が可能となっています。配当のほかにも自社株買いによる株主への分配も行われています（第８章参照）。（２）は間違いです。損益計算書では株主への配当は表示されません。株主への分配状況を知るには「株主資本等変動計算書」を見なければなりません。（３）も正解です。損益計算書では費用が引かれて最後に当期純利益となるのですが，途中で引かれる費用には，従業員への賃金給料や借入先への支払利息，政府・自治体への税金などによる分配が含まれています。分配を広くとらえる見方については次の「付加価値の分配」を読んでみてください。

付加価値の分配

　損益計算書の中から，付加価値の分配を見てとることができます。付加価値とは，企業が新たに加えた経済価値のことをいいます。外部から購入した分に企業が何らかの加工をすることで，付加価値が生まれます。付加価値を作るのは従業員の労働です。人間の労働だけが新たな経済価値を作ることができるからです。

　したがって図２のように，売上高から売上原価を控除した売上総利益が経済学的な付加価値に相当します。国内の付加価値を集約すると国内総生産(GDP)

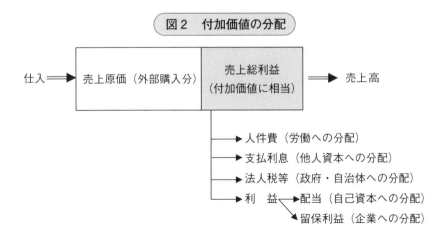

図２　付加価値の分配

となるので，荒っぽくいえば，すべての企業の売上総利益の合計は GDP に匹敵します。そのように考えると，企業が経済を担っていることが実感できます。

　損益計算書は利益を計算する表ですが，経済学的な視点で見ると，付加価値の分配を示す計算表でもあります。図2のように売上総利益から，人件費，支払利息，法人税等が分配され，さらに利益が計算された後，配当と留保利益に分けられます。

　分配は付加価値の生産に貢献した人間や組織に対して行われます。人件費は労働への分配です。何よりも付加価値を生んだのは労働であるからです。付加価値に占める人件費の割合を労働分配率といいます。支払利息は他人資本への分配です。銀行からの借入金も経済学的に見れば資本であるので，支払利息は資本提供者への分配となります。法人税等は政府・自治体への分配です。政府・自治体によるインフラや政策にもとづいて付加価値が生まれているので，それに対する分配は税金の形をとって行われます。最後は利益の分配です。自己資本提供者である株主に配当という形での分配が行われ，配当後の利益が留保利益として企業に分配されます。

　このように，付加価値の分配が損益計算書の中で行われているのです。損益計算書を組み替えて付加価値計算書を作れるようになることが望ましいので，今後のディスクロージャーの発展が期待されます。

5 ▎株主資本等変動計算書の仕組みと見方

　貸借対照表，損益計算書に加えて開示されるようになったのが，「株主資本等変動計算書」です。

　株主資本等変動計算書は，貸借対照表の純資産の部の変動額を報告するための計算書です。「株主資本等」と「等」の文字が入っているのは，株主資本（資本金，資本剰余金，利益剰余金）の各項目の変動のほかに，株主資本以外の評価・換算差額等の変動を表示するからです。

　次の表は株主資本等変動計算書を例示したものです。縦に並べる様式もありますが，多くは表のような横に並べる様式がとられています。横に並べる様式をページに収めるために上段と下段に分けて表示しています。

株主資本等変動計算書

	株　　主　　資　　本		
	資本金	資本剰余金	
		資本準備金	その他資本剰余金
当期首残高	4,000,000	100,000	700,000
当期変動額			
剰余金の配当		10,000	△110,000
別途積立金の積立			
当期純利益			
株主資本以外の 　項目の当期変動額			
当期変動額合計		10,000	△110,000
当期末残高	4,000,000	110,000	590,000

株主資本等変動計算書（上段の続き）

	株　　主　　資　　本				評価・換算 差額等	純資産 合　計
	利益剰余金			株主資本 合　　計	その他 有価証券 評価差額金	
	利益準備金	その他利益剰余金				
		別途積立金	繰越利益剰余金			
当期首残高	200,000	300,000	1,500,000	6,800,000	50,000	6,850,000
当期変動額						
剰余金の配当	20,000		△220,000	△300,000		△300,000
別途積立金の積立		100,000	△100,000	―		―
当期純利益			500,000	500,000		500,000
株主資本以外の 　項目の当期変動額					30,000	30,000
当期変動額合計	20,000	100,000	180,000	200,000	30,000	230,000
当期末残高	220,000	400,000	1,680,000	7,000,000	80,000	7,080,000

　例示した株主資本等変動計算書では，以下のような純資産の変動を示しています。

①　株主総会で次のような剰余金の配当等が決定された。

（1）　その他資本剰余金￥100,000と繰越利益剰余金￥200,000を財源とし，配

当を行う旨の決議をした。会社法が定める準備金として資本準備金
¥10,000および利益準備金¥20,000を積立てる。

(2) 繰越利益剰余金を財源として別途積立金¥100,000を積立てた。

② その他有価証券評価差額金の前期の評価差額¥50,000が期首にあるが，評
価差額の振戻しを行い，決算において評価替えを行った。当期の評価差額は
¥80,000である。

③ 決算において当期純利益¥500,000を計上した。

株主資本等変動計算書では上記の変動を次のように処理します。

①の（1）剰余金の配当は，資本剰余金（科目としては「その他資本剰余金」）
と利益剰余金（科目としては「繰越利益剰余金」）から行われます。その場合，
準備金の積立限度額までに余地があるときは，配当金の10分の1相当額の積立
てが強制されます。例示では資本準備金と利益準備金のそれぞれに10分の1の
額の積立てが行われます。その他資本剰余金から¥100,000が配当されますが，
表示がマイナス¥110,000となるのは資本準備金に¥10,000を移すからです。同
じように繰越利益剰余金から¥200,000が配当されますが，マイナス¥220,000
となるのは利益準備金に¥20,000を移すからです。いずれも剰余金の内部の移
動なので，外部に出ていく配当金は計¥300,000であることに注意してくださ
い。

①の（2）別途積立金の積立ても，繰越利益剰余金から¥100,000を別途積
立金に移すだけで，利益剰余金の内部の移動なので，株主資本合計において変
動はありません。

②のその他有価証券評価差額金の変動ですが，期首にある評価差額¥50,000
は前期末のもので期首に振戻しが必要となります（時価を取得原価に戻すこ
と）。そして当期の決算において時価が上がった結果，評価差額¥80,000が出
ますが，計算書では期首の¥50,000に¥30,000を加えて期末残高¥80,000を計
上する方式がとられます。

③の当期純利益¥500,000は繰越利益剰余金に計上されます。

以上ですが，株主資本等変動計算書の見方を，例示を通じて学ぶようにして
ください。

第10章

キャッシュ・フロー計算書の仕組みと見方

クイズで考えよう

<問題1>　キャッシュ・フロー計算書はキャッシュ（現金と定期預金などの合計）の増減を示す計算書ですが，その説明で正しいものはどれでしょうか？

（1）損益計算書で利益が出ていても，キャッシュ・フロー計算書ではキャッシュが減っている場合がある。

（2）キャッシュ・フロー計算書は複式簿記の現金勘定を集計したものである。

（3）業績がよく投資が活発な企業は，キャッシュがどんどん増える傾向にある。

<問題2>　商品が売れて売掛金が増大し，商品の仕入代金の買掛金も増大した場合のキャッシュについて正しい説明はどれでしょうか？

（1）売掛金のほうが多く，買掛金のほうが少ない場合にはキャッシュは増えている。

（2）買掛金のほうが多く，売掛金のほうが少ない場合にはキャッシュは増えている。

1 ▌キャッシュ・フロー計算書とは何か――――

キャッシュ・フロー計算書の特徴

　「キャッシュ・フロー計算書」は，企業に流出入するキャッシュの動きと残高を開示する計算表です。キャッシュとは，現金及び現金同等物をいいます。キャッシュ・フロー計算書は，企業における現金収入と現金支出にほぼ近いものを表わすものということができます。

　損益計算書で述べたように，収益・費用は現金収入・現金支出とは異なることから，現金収支に近いものを示すことが必要となってきました。というのは「勘定合って銭足らず」という言葉があるように，利益は出ても現金が足りなくて支払いに困ることが生じるからです。それが中小企業などにおいて，利益があるのに倒産に追い込まれる「黒字倒産」という問題が生じることになります。したがって，損益とは別に資金の情報が重要となります。

　それを従来は，資金繰りと呼んでいました。資金がどのように回っているかを示すために，アメリカでは様々な試みが行われました。一番の問題は資金といわれるものの幅をどうするかという点でした（今でも問題となります）。最初は幅広くとらえる資金計算書が作られていましたが，結局，現在のキャッシュ・フロー計算書が国際的に使われるようになりました。

　その場合の「キャッシュ」は現金（複式簿記の現金勘定）そのものではありません。「現金」（当座預金や普通預金を含む）のほかに容易に換金可能な「現金同等物」（定期預金や価値変動のリスクがほとんどないコマーシャルペーパーなど）が「キャッシュ」とされます。日本では2000年から証券取引法において第3番目の財務諸表として導入されました。日本では上場会社等を対象としているので，「連結キャッシュ・フロー計算書」が求められます。会社法では規定がないので，個別のキャッシュ・フロー計算書は求められません。

キャッシュ・フロー計算書の仕組み

　キャッシュ・フロー計算書は，3つのキャッシュ・フロー活動を区分する形式で次の図1のように表示されます。

> **図1　キャッシュ・フロー計算書の基本的仕組み**

キャッシュ・フロー計算書

Ⅰ　営業活動によるキャッシュ・フロー Ⅱ　投資活動によるキャッシュ・フロー Ⅲ　財務活動によるキャッシュ・フロー 　　現金及び現金同等物の純増減額 　　現金及び現金同等物の期首残高 　　現金及び現金同等物の期末残高

　3つのキャッシュ・フローとは,「営業活動によるキャッシュ・フロー」「投資活動によるキャッシュ・フロー」「財務活動によるキャッシュ・フロー」です。

　こうした3つのキャッシュ・フロー活動が何を示すかについて, 見てみましょう。

　クイズ＜問題1＞の正解は（1）です。利益とキャッシュが異なるので, 利益が出てもキャッシュが減ることがあるからです。（2）はキャッシュが現金勘定そのものではないので, 間違いです。複式簿記からはキャッシュ・フロー計算書は作れません。そのための営業活動によるキャッシュ・フローは, 以下に見るような間接法によって表示されることになります。（3）も以下で述べるように, 活発な投資を行う企業では設備投資などにキャッシュを使うので, キャッシュは増えるばかりではなく, 減ることも多くあります。したがって（3）も間違いとなります。

---

2 ▋ キャッシュ・フロー計算書の見方

営業活動によるキャッシュ・フロー

　まず第1の「営業活動によるキャッシュ・フロー」です。これは本業（会計では営業活動）から得られるキャッシュ・フローを示すもので, 損益計算書の営業利益を計算する過程に対応します。

　表示の仕方に直接法と間接法がありますが, ほとんどは間接法で作られてい

ます。なぜ間接法となるかといえば，直接法にするためには複式簿記だけでは
できないからです。キャッシュ勘定を特別に作って通常の簿記とは異なる集計
をしない限り，直接法にすることはできません。間接法は，複式簿記から作られ
る損益計算書を組み替える形で行われます。その結果，読み取るのにかなり
手間のかかる表示となります。

　間接法では，税引前当期純利益から出発し，計算をさかのぼって現金支出を
伴わない減価償却費や引当金繰入などをプラスし，さらに現金収入とはならな
い売上債権の増加分などをマイナスし，現金支出とはならない仕入債務などを
プラスしてキャッシュ・フローが計算されます。つまり，利益計算の過程にお
ける現金収支を伴わないものを加減算するわけです。利益が出ていなくても減
価償却費などが大きいと営業活動のキャッシュ・フローは増加となります。

　損益計算書からどのように組み替えるか見てみましょう（図2参照）。

　左に損益計算書の項目を並べてあります。組み替えるポイントは現金収支を
伴わない項目の加減算です。まず売上高から見ていくと，売上高の中には売上
債権（売掛金と受取手形）の増加によるものが含まれています。売上債権は現
金収入とはならないので売上高からマイナスしなければなりません。次の売上
原価ですが，この中には仕入債務（買掛金と支払手形）の増加によるものが含
まれています。仕入債務はまだ現金支出となっていないので売上原価でマイナ

図2　損益計算書から営業活動キャッシュ・フローへの組み替え

<損益計算書の計算>
（現金収支を伴わない項目のみ列挙）

　売上高　　　5,000
　　（現金収入ではない売上債権の増加　200）
－売上原価　　3,000
　　（現金支出ではない仕入債務の増加　300）
－減価償却費　　150（現金支出ではない費用）
－引当金繰入　　100（現金支出ではない費用）
－減損失　　　　100（現金支出ではない費用）

税引前当期純利益　300

<営業活動キャッシュ・フローの計算>
（税引前利益に左の項目を加減算）

税引前当期純利益　　300
＋減価償却費　　　　150
＋引当金繰入　　　　100
＋減損失　　　　　　100
－売上債権の増加分　200
－棚卸資産の増加分　150
＋仕入債務の増加分　300

営業活動キャッシュ・フロー　600

スとなった分を埋めるためにプラスしなければなりません。

　それが右側の営業活動キャッシュ・フロー計算の中で「－売上債権の増加分200」「＋仕入債務の増加分300」となっている部分です。「－棚卸資産の増加分150」も入っているのは，棚卸資産の増加分は仕入の際に現金支出されているからです。

　さらに左側を見ると，現金支出を伴わない費用（減価償却費，引当金繰入，減損損失）が列挙されています。これらは現金支出とはならないのでキャッシュのプラスの項目として加算されています。

　こうした項目を加減算して並べたのが，右側の営業活動キャッシュ・フロー計算です。税引前当期純利益に諸項目を加減算していきます。それは税引前当期純利益から出発して損益計算書をさかのぼって計算するような形となります。

　営業活動のキャッシュ・フローは，本業から得られるキャッシュ・フローを示すもので，それがプラスかマイナスかは本業の活動の成否を表わす重要な情報です。一般にはプラスとなるのが普通で，プラスが大きいほど本業の発展を示します。営業活動から得るキャッシュ・フローが企業活動の基本となるので，マイナスとなる場合は要注意です。どのような項目がキャッシュの増減にかかわっているかは分析上の重要なポイントです。

　　　クイズ＜問題２＞の正解は（２）です。売掛金は現金収入とはならない分であり，買掛金は現金支出とはならない分なので，キャッシュ・フローの点から見れば，買掛金のほうが多く，売掛金のほうが少ない場合のほうがキャッシュは増えることになるからです。

投資活動によるキャッシュ・フロー

　2番目の「投資活動によるキャッシュ・フロー」は，有形固定資産や投資有価証券の購入，売却などの設備投資や金融投資にかかわるキャッシュ・フローを示すものです。投資が積極的に行われている企業では，投資活動によるキャッシュ・フローがマイナスとなります。というのは，有形固定資産取得による支出や投資有価証券取得による支出が増えるからです。その資金がどこから来る

ものであるか，支出先が設備投資なのか金融投資であるかなどの分析が必要で
すが，投資活動によるキャッシュ・フローがマイナスの企業は，順調な発展過
程にあると見ることができます。

　投資活動によるキャッシュ・フローがプラスとなるのは，投資を引き上げて
固定資産や投資有価証券の売却などを行う場合です。その場合には，どのよう
な投資分が現金化されたのか，どのような資金事情にあるかなどの検討が必要
となります。

　投資活動によるキャッシュ・フローのマイナス・プラスの評価は，営業活動
によるキャッシュ・フローや財務活動によるキャッシュ・フローとの関連や，
バランスを見て行わなければなりません。

財務活動によるキャッシュ・フロー

　3番目の「財務活動によるキャッシュ・フロー」は，株式発行や社債発行，
借入れ，配当金支払いなどの財務にかかわるキャッシュ・フローを示すもので
す。株式発行や銀行からの借入れなどの資金調達を行えばプラスになり，借入
金の返済や配当金支払いを行えばマイナスになります。

　営業活動によるキャッシュ・フローがプラスで資金に余裕がある場合には，
資金調達は不要となり資金返済なども行われるので，財務活動によるキャッ
シュ・フローはゼロかマイナスになる傾向となります。設備投資などで多額な
資金が必要となり資金調達が必要になる場合には，社債発行や借入れなどが行
われプラスになることもあります。こうした資金調達や返済がどのような企業
の活動と関連して行われたかを見ることが重要です。

　これら3つの活動によるキャッシュ・フローの増減は最終的に「現金及び現
金同等物」の増減となって算定されます。現金及び現金同等物が増となるか減
となるかは重要な点です。現金及び現金同等物の保有度合いは，支払能力も含
めた企業の基礎体力を判断するうえで有効といえます。

第11章

国際会計基準の受容と新たな会計基準

？ クイズで考えよう

<問題1> 国際会計基準の受容についての意見の中であなたはどれを選択しますか？

（1）ロンドンで作られる国際会計基準をそのまま翻訳して採用すればよい。

（2）日本の基準の中に国際会計基準の内容を取り込めばよい。

（3）国際会計基準の採用でよいが，その場合，日本に合わせた修正をすべきである。

（4）国際会計基準は，それに対応可能な企業に限定的に導入すればよい。

<問題2> 国際会計基準の影響により導入された新たな会計ルール（会計基準）の説明で正しいのはどれでしょうか？

（1）新たな会計ルールは，連結も個別も，大会社も中小会社も区別なく適用される。

（2）新たな会計ルールは，投資家のための会計であり，その適用は限定される。

（3）新たな会計ルールは，資産負債アプローチなので損益計算書は不要になる。

1 ▌ 会計ビッグバンと国際会計基準の受容

会計ビッグバン

　日本の企業会計制度は，1990年代末から今日まで大きな変化の過程にあります。特に2000年前後から，続々と新たな会計基準が導入され，時価会計のようなこれまでとは異なった会計が行われるようになりました。そうした新たな会計基準の連続した導入のことを「会計ビッグバン」といいます。「会計ビッグバン」の本質は，資本主義のグローバル化の中で，英米の会計基準をモデルとした国際会計基準に日本の基準を近づけていくことにありました。

国際会計基準の受容

　今日ではそうした「会計ビッグバン」の段階を経て，さらなるグローバリゼーションに向かう「国際会計基準の受容」の段階に入っています。国際会計基準の受容の方法には，日本の会計基準を国際会計基準に近づける「統合」(コンバージェンス)，「採用」(アドプション)，「承認」(エンドースメント) などがあります。日本では統合 (コンバージェンス) という方式が基本となっていますが，ほかの方式も使われるようになっており，今後の国際会計基準の受容の仕方については議論が続いています。

　そうした変化の中で，これまでとは違った会計が行われるようになり，その内容についての理解が必要になっています。ここでは国際会計基準とは何かについて歴史的に検討したうえで，新たな会計基準の特徴と要点を見てみましょう。

国際会計基準とは何か

　「国際会計基準」とは，ロンドンに本部のある国際会計基準財団の下で設置された国際会計基準審議会 (IASB；International Accounting Standards Board) によって作成される会計ルールのことをいいます。2000年までは国際会計基準委員会 (IASC) という名称でしたが，その後の組織再編によってIASC は IASB となりました。IASB による新たな会計基準を「国際財務報告基準」(IFRS；International Financial Reporting Standards) といいます。今

表1　国際会計基準の形成・発展過程

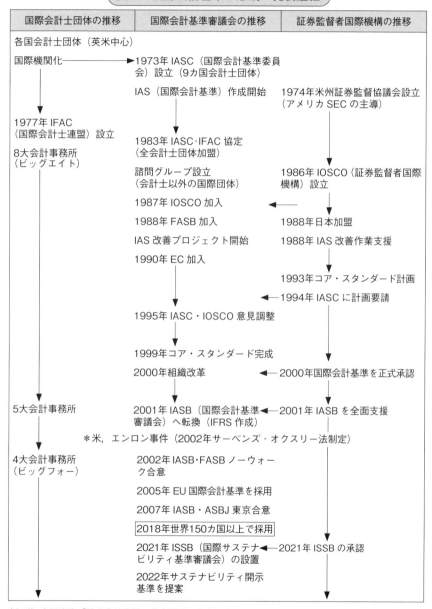

国際会計士団体の推移	国際会計基準審議会の推移	証券監督者国際機構の推移
各国会計士団体（英米中心） 国際機関化────►	1973年 IASC（国際会計基準委員会）設立（9カ国会計士団体） IAS（国際会計基準）作成開始	1974年米州証券監督協議会設立（アメリカ SEC の主導）
1977年 IFAC（国際会計士連盟）設立 8大会計事務所（ビッグエイト）	1983年 IASC・IFAC 協定（全会計士団体加盟） 諮問グループ設立（会計士以外の国際団体） 1987年 IOSCO 加入 1988年 FASB 加入 IAS 改善プロジェクト開始 1990年 EC 加入	1986年 IOSCO（証券監督者国際機構）設立 1988年日本加盟 1988年 IAS 改善作業支援 1993年コア・スタンダード計画 ◄─1994年 IASC に計画要請
5大会計事務所	1995年 IASC・IOSCO 意見調整 1999年コア・スタンダード完成 2000年組織改革 2001年 IASB（国際会計基準審議会）へ転換（IFRS 作成）	2000年国際会計基準を正式承認 ◄─2001年 IASB を全面支援
4大会計事務所（ビッグフォー）	*米，エンロン事件（2002年サーベンズ・オクスリー法制定） 2002年 IASB・FASB ノーウォーク合意 2005年 EU 国際会計基準を採用 2007年 IASB・ASBJ 東京合意 2018年世界150カ国以上で採用 2021年 ISSB（国際サステナビリティ基準審議会）の設置 2022年サステナビリティ開示基準を提案	◄─2021年 ISSB の承認

（出所）小栗崇資『株式会社会計の基本構造』中央経済社，2014年，266頁に加筆。

日では国際会計基準は IFRS（イファースまたはアイファースと呼ぶ）という略称によって表わされるようになっています。それに伴い国際会計基準財団は IFRS 財団と呼ばれるに至っています。

　前ページの表1は IASC から IASB への変遷をそれに関係する国際機関と関連づけて概観的に見たものです。

　IASC は当初は，1973年に9カ国（アメリカ，イギリス，オーストラリア，カナダ，フランス，ドイツ，日本，メキシコ，オランダ）の公認会計士団体によって設立された民間の国際組織でした。IASC は，企業の多国籍化を背景に会計基準の国際的調和化が必要であるとの論議の高まりから生まれたものです。設立後の IASC は国際会計基準の設定を次々と行いましたが，単なる民間の国際組織であり強制力を有するものでないことから，当初は各国の会計基準にほとんど影響を与えることがありませんでした。

証券監督者国際機構（IOSCO）の関与

　そうした国際会計基準の状況を大きく転換させたのが，証券監督者国際機構（IOSCO；International Organization of Securities Commissions）の関与でした。IOSCO の前身は，南北アメリカの証券市場を監督するためにアメリカ証券取引委員会（SEC）の主導によって創設された米州証券監督協議会でした。1986年にイギリス，フランス等が参加したことを契機に IOSCO の設立となりました。

　IOSCO は，各国の証券市場監督機関から構成される公的な性格の国際機関です。監督機関はアメリカ SEC やイギリスの証券投資委員会，日本の金融庁のような行政組織が中心です。90年代に入って金融・資本市場のグローバル化が進展し，多国籍企業の多国間上場が増大する中で，証券市場規制の国際的調整が必要となり IOSCO の活動が活発化していきました。国際的な会計ディスクロージャー制度の形成を求め，IOSCO が取り組んだのが IASC への支援でした。IASC の作る国際会計基準を利用しようとしたわけです。IOSCO は国際会計基準の改善を要求しました。というのは，国際会計基準は各国の意見を調整しようとしてあいまいな基準となっていたからです。

　1993年には，IOSCO は国際的に使用される会計基準をコア・スタンダード

と名づけ，コア・スタンダードをめざすよう IASC に要請しました。最終的に
コア・スタンダードが完成したのが1999年です。2000年5月には IOSCO によっ
て改善された国際会計基準が正式に承認されるところとなりました。

　こうして国際会計基準は民間組織の提唱する妥協的な基準にすぎなかったも
のから，国際的な権威ある会計基準へと変化していきました。そしてそれと並
行して，当初，各国の公認会計士団体の民間国際組織にすぎなかった IASC も，
IOSCO の支援を受けて次第に権威ある国際会計基準の設定機関に変化してい
きました。

国際会計基準審議会（IASB）の誕生

　2000年には，それは IASC の組織改革にまで進みました。2001年からは，
IASC は単なる民間国際組織から各国の会計基準設定機関によって構成される
国際機関へとその性格を転換させ，名称も変更しました。それが現在の国際会
計基準審議会（IASB）です。しかし，IASB は権威ある国際的な機関といっ
ても，各国政府によって構成される政府機関ではありません。IASB 構成メン
バー（特に中心となる理事会）は，民間組織であることが要請されます。各国
の民間の会計基準設定機関によって構成される国際会計基準設定機関を，公的
組織である IOSCO が全面支援する体制となったのです。

　そうした中で日本でも，IASB の結成に合わせて2001年に民間の企業会計基
準委員会（ASBJ）が作られ，政府の企業会計審議会から基準設定権限が委譲
されました。そうした民間組織方式は EU 主要国（仏，独）にも導入され，
EU も大きく変化してきています。こうした民間主導の基準設定方式は，グロー
バル資本主義がとる市場原理重視とそのための規制緩和に合致したものと考え
られます。まさに IASB ＝ IOSCO 体制ともいうべきアングロサクソン型のグ
ローバルスタンダード形成のシステムが作られているのです。

　国際会計基準は，今や世界中の国々（約150カ国）で導入されるに至ってい
ます。国際会計基準はこのまま世界へ普及していくのでしょうか。日本では，
コンバージェンスという方式を基本にして受容が進んでいますが，どうなって
いくのでしょうか。

国際サステナビリティ基準審議会（ISSB）の新設

　IFRS財団は2021年に新たにIASBと並ぶ国際サステナビリティ基準審議会（ISSB）を設置しました（IOSCOもISSBを承認しました）。IASBは財務情報の基準であるIFRSを設定する機関でしたが，ISSBは気候変動や社会，経済に関する企業の対応についての非財務情報に関する基準の設定を目的としています。環境や社会，経済についての情報をESG情報といいますが，証券市場で企業価値の評価を行う際にESG情報を重視する傾向が強まってきたことが設置の背景にあります。第2章で「会計情報の拡張」について説明したように，これからはそうしたESG情報・非財務情報を統合する方向に会計は役割を拡張していくことが求められています。

　ISSBの新設に対応して2022年に日本でもサステナビリティ基準委員会（SSBJ）が設置されました。今後ISSBから出されるサステナビリティ開示基準にもとづき，日本のSSBJが日本での基準を作成していくことになります。

　クイズ＜問題1＞は皆さんの意見を聞く問題なので正解はありません。
（1）は国際会計基準のアドプションの立場に立つ意見です。アドプションが進むと，日本で会計ルールを作る必要はなくなるかもしれませんが，それでよいのでしょうか。この意見に立つ方は考えてみてください。
（2）はコンバージェンスの立場に立つ意見です。これまでとられてきた方法ですが，様々な意見を調整しながら国際会計基準を導入するのは時間もかかり大変といわれています。さらによい方法がないか考えてみてください。
（3）は修正版の国際会計基準を支持するエンドースメントの立場の意見です。アドプションでは日本に合わない部分が出てくるし，コンバージェンスでは時間がかかりすぎるので，それを解決する方法ともいわれます。しかし，あまり修正しすぎると各国ごとにバラバラになって，グローバル・スタンダードではなくなる問題もあるかもしれません。このことを考えてみましょう。
（4）は国際会計基準の導入の範囲を限定する立場の意見です。例えばEUのような連単分離の方法がありますし，また上場大会社と中小会社の適用方法を分ける方法もあります。しかし，連単分離も連結と単体に別の基準を適用するのはコストもかかるし，同じ市場経済の中では同じ基準で比較可能性を高めることが重要ではないかとの批判もあります。こうした点も考えてみましょう。

2 ▌日本の企業会計の変化

コンバージェンス，アドプション，エンドースメント

　国際会計基準の受容には3つの方法があります。コンバージェンス，アドプション，エンドースメントです。コンバージェンスは「統合」という言葉で，日本の基準の中味を国際会計基準に近づけていくことを意味します。アドプションとは「採用」という言葉で，国際会計基準をそのまま（翻訳して）使うことを意味します。エンドースメントとは「承認」という言葉で，国際会計基準を一部修正して自国の基準として認めることを意味します。

　日本では2001年以来，企業会計基準委員会を中心にコンバージェンス方式をとってきましたが，近年では企業会計審議会が国際会計基準のアドプション（採用）の方向性を提起し，2010年から上場会社の連結財務諸表への国際会計基準の任意適用を認めました。徐々に強制適用の方向へ踏み出すことも検討されています。

　しかもこのアドプションは，当面は連結財務諸表のみに適用されるというものでした（「連結先行」論という）。それまで日本では，個別財務諸表と連結財務諸表をワンセットにして国際会計基準とのコンバージェンスを進めてきたので，大きな変化です。

　エンドースメントは修正した日本版IFRSを作るという形で2016年に行われています。

　EUでは，国際会計基準のアドプション方式やエンドースメント方式をとってはいますが，あくまでも上場会社への連結財務諸表にのみ適用することとされ，個別財務諸表は各国の判断に任せるとされています。その結果，多くの国々は連結には国際会計基準を適用するが，個別には国内の基準を適用するスタイルをとっています。上場大企業は国際会計基準を使うが，中小企業はそれと関係なく自国の会計基準に従うというように，連結と個別（単体ともいう）の棲み分けをしているのです（「連単分離」論という）。このやり方は，国際会計基準の影響を国内の中小企業に及ぼさないために工夫された方式です。

　EU方式の提起は結果的に，大企業も中小企業も一体として，連結も個別も

区別しない日本のこれまでのやり方に疑問を投げかけるものとなりました。上場大企業と中小企業との棲み分けを図ることができないのかという問題です。そうした中で日本では非上場会社や中小会社，単体の会計をめぐる論議が急速に活発化することとなりました。連結と単体を区分し，単体にはできるかぎり国際会計基準の影響を少なくしようという動きです。

重層的な日本の会計基準

　その結果，日本には表2のような会計基準が重層的に併存する状況が生まれることとなりました。

　上場会社約3,600社は金融商品取引法が適用され，連結財務諸表を主とし，個別（単体）財務諸表を従とする開示を行いますが，連結財務諸表には現在はアドプションにより国際会計基準（IFRS）を任意に適用することができるとされています。またさらにそれをエンドースメントにより日本的に修正した修正版 IFRS も作られ，2016年から適用が行われています。そうでない場合は連結も個別もともに日本基準に従うことが求められます。この日本基準は国際会計基準とのコンバージェンス方式による基準であることはすでに見たとおりです。

　上場会社以外にも金融商品取引法が適用される大企業が約1,000社あります

表2　日本の会社と会計基準

区　分	会社数	連　結	個別（単体）
上場会社	約3,600社	IFRS / 修正版 IFRS / 日本基準	日本基準
金商法開示会社	約1,000社		日本基準（簡略化）
会社法大会社	約10,000社	作成義務なし	中小企業会計指針
上記以外の株式会社	約250万社		中小企業会計要領

（出所）財務会計基準機構「非上場会社の会計基準に関する懇談会」報告書の図をもとに作成。

が，それらは連結と個別の双方で日本基準に従うことが求められます。

　それから下はすべて会社法のみが適用される企業です。会社法では資本金5億円以上または負債総額200億円以上の会社が大会社であり，それ未満は中小会社として区分されます。会社法では連結財務諸表は義務づけられていないので，すべて個別（単体）財務諸表がどのような基準に従うかが問題となります。

　会社法上の大会社には，個別財務諸表において日本基準が適用されます（簡略化も認められる）。この基準が金融商品取引法上での「一般に公正妥当と認められる企業会計の基準」（企業会計基準委員会の設定する基準）であることはすでに述べたとおりです。したがって，この基準は上場企業と同じく国際会計基準とのコンバージェンスが進む会計基準であることはいうまでもありません。

　問題となるのは約250万社の中小企業（表2では上記以外の株式会社）です。会社法の制定にあたって，上場企業向けの金融商品取引法の会計基準が中小企業に直接適用されることにならないように，2005年に「中小企業の会計に関する指針」（「中小企業会計指針」）が策定されました。「中小企業会計指針」は，国際会計基準とのコンバージェンスが進む日本の会計基準を中小会社向けに簡略化したものですので，どちらかというと中堅企業向けの基準です。「中小企業会計指針」に従う中小零細企業は，ほとんどないのが実態です。

　そこで，そのような中小零細企業会計の空白を埋めるために，2012年に「中小企業の会計に関する基本要領」（「中小企業会計要領」）が作成されました。「中小企業会計要領」は日本の中小零細企業のためのもので，その特徴は「国際会計基準の影響を受けない」ことを明らかにした会計基準であることです。

　表2にあるように，日本の会計制度は重層的で複雑な様相を帯びており，今後も変化が予想されます。国際会計基準の影響がますます強まる中で，国の経済主権を守りつつ実態に即した会計を行うことができる体制をどのように発展させていくかは，依然として大きな課題となっています。

3 ▌ 新たな会計基準の特徴

　会計ビッグバンを経て国際会計基準とのコンバージェンスやアドプション，

エンドースメントが進む中で，2000年頃から次々と導入されてきた会計基準を
ここでは「新たな会計基準」と呼びたいと思います。国際会計基準の導入から
すでに二十数年になろうとしていますが，それまでの50年近く使われてきた会
計ルールと比べるために「新たな会計基準」という名称を使うこととします。
それらの会計基準は国際会計基準の影響を受けて作成されたものです。すでに
本書で何度かふれてきた新たな会計基準の特徴を，以下でまとめて見てみま
しょう。

投資家のための会計

　新たな会計基準の特徴は，「損益法」中心であった財務諸表を「財産法」中
心の財務諸表に転換させる点にあります。新たな会計基準においては用語も変
わり，「損益法」は「収益費用アプローチ」，「財産法」は「資産負債アプローチ」
と呼ばれるようになったことはすでに述べたとおりです。

　当初，「収益費用アプローチ」から「資産負債アプローチ」への転換は，ア
メリカの会計基準において提唱されましたが，今やこの考え方は，国際会計基
準においても採用され，日本も含めて新たな会計基準はすべて資産負債アプ
ローチに従って設定されるに至っています。

　資産負債アプローチはなぜ採用されることになったのでしょうか。それは資
産負債アプローチが，投資家のための投資情報を提供するうえで有効であると
考えられたからです。投資家は株価予想のために，企業が保有する資産・負債
にどのような将来の価値やリスクがあるかを評価しようとしますが，そのため
には資産・負債のもたらす将来キャッシュ・フローを予測しなければなりませ
ん。それには資産・負債の「公正価値」評価が必要であるとされます。

　「公正価値」評価とは，市場がある場合には時価により評価し，市場がない
場合はそれに近似の価値を測定して評価するというものです。近似の価値とは，
将来生み出される見積りキャッシュ・フローの割引現在価値を計算することに
よって導き出されます。こうした考え方はファイナンス理論から来るものです
が，その評価は主観的で，恣意的な見積りや予測になる可能性があるとの批判
もなされています。しかし，投資家の意思決定に有用であるという理由で採用
されることとなりました。これは，現代の経済がより金融資本主義的な色合い

を強めたこととも関連しています。新たな会計基準は，金融市場・証券市場に向けた投資情報を提供する役割をもっているといわねばなりません。

資産負債アプローチによる時価評価

　「公正価値」評価は基本的に時価評価をベースとするものといえるので，収益費用アプローチから資産負債アプローチへの転換は，取得原価評価から時価評価への転換を意味します。したがって資産負債アプローチでは，資産・負債の時価評価が会計の中心となります。時価評価を適用することによって生じるのは，多くの評価差額です。取引時点の取得原価が期末の決算において時価（公正価値）に評価替えされるので，様々な評価差額が生まれることになり，評価差額をどのように扱うかが大きな問題となります。その場合，問題が生じるのは，それを利益として処理するかどうかです。

　これまでは取得原価会計であったので，損益計算書の利益と貸借対照表の利益は一致していました。このように損益計算書と貸借対照表が繋がっていることを「連携」といいます。しかし，時価評価会計となれば，貸借対照表での期首と期末の差額には，実現利益のほかに未実現利益（評価差額）が入ってくることになり，これまでどおり実現利益を表示する損益計算書とは一致しなくなります。このような貸借対照表と損益計算書が不一致となることを「非連携」といいます。これまでは簿記・会計として一体的に行われていたので，「連携」は当たり前のことでしたが，資産負債アプローチでは「非連携」となってしまいます。

　もしこれを無理やり「連携」させようとすると，すべての評価差額を何らかの形で利益と解釈して損益計算書に入れなければならなくなります。そうすると今度は，「収益－費用＝利益」という方法で経営成績を表示していた損益計算書に，経営努力とは関係のない（時価の変動は経営努力の結果ではなく市場動向の結果なので）評価差額が混入して，その利益数値は意味のないものに変質してしまいかねません。

資本と利益の変化

　したがって資産負債アプローチがもたらすもう1つの変化は，資本と利益の

意味が大きく変わることです。これまでは資本は，基本的には払込資本と留保利益から成っていました。つまり株主にとっては出資額とその後の企業が稼得した利益の蓄積額の合計が資本でした。したがって株主にとっては留保利益分は分配可能な利益でした。

　しかし，資産負債アプローチの場合は，未実現の評価差額が含まれるので分配可能性は消え，単なる資産と負債の差額（純資産）となってしまいます。資産負債アプローチは資産と負債の時価評価に一番重要な意味を見出すので，その結果生じる評価差額の混入した純資産に分配可能性があるかどうかは二の次となります。分配可能性よりも，純資産の増減情報による投資予測のほうに意味があると考えられているのです。つまり利益も分配可能利益から投資情報としての利益に変化していくのです。

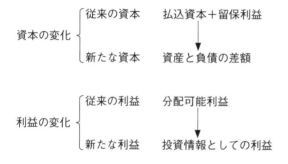

　利益の表示の仕方も大きく変化しますが，2つの方向が生じます。第1は，「非連携」は止むなしとして損益計算書には当期純利益のみ計上し，貸借対照表の純資産差額とは一致させないという方向です（その場合でも，金融商品の評価損益のみは純利益に入れることとなります）。第2は，損益計算書に様々な評価差額を入れて，貸借対照表との間の「連携」を維持するという方向です。

包括利益計算書の登場

　第1の方向は，現在，日本の企業会計における個別財務諸表がとっているものです。評価差額や換算差額を純資産の部に直接計上するのは，実は「非連携」の方式であるといえます。新たな会計基準および会社法では，純資産の部を株

主資本とその他に表示する方式を採用しました。損益計算書の純利益は株主資本の部分（繰越利益剰余金の中）に組み込まれ，評価差額はその他のところに直接計上（資本直入）されます。図1は「非連携」方式を示したものです。貸借対照表と損益計算書の当期純利益部分は一致しますが，貸借対照表の評価差額部分は損益計算書には計上されません。

　第2の方向は，国際会計基準やアメリカ基準が採用するものです。日本でも連結財務諸表において採用されました。その場合，「損益計算書」という名称ではなく，「包括利益計算書」という名称が採用されることになります。なぜならば，様々な評価差額を表示する計算書は「損益」の計算書を意味しなくな

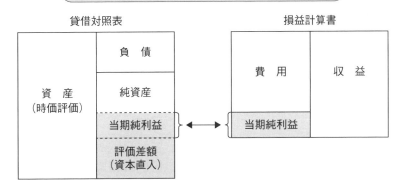

図1　貸借対照表と損益計算書の「非連携」方式

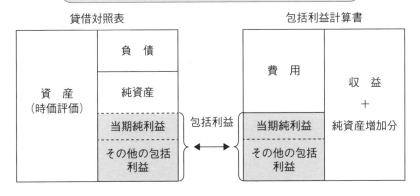

図2　貸借対照表と包括利益計算書の「連携」方式

130

るからです。つまり「利益」情報の意味が希薄になります。前ページの図2は貸借対照表と包括利益計算書の「連携」を示したものです。それぞれに当期純利益とその他の包括利益（評価差額の名称が変わる）が計上されるので，貸借対照表と包括利益計算書は一致しています。この場合，当期純利益とその他の包括利益を総称したものが「包括利益」です。包括利益を一括して表示するか分けて表示するかも重要な問題となります。図2では分けて表示していますが，それらを分けずに包括利益のみで表示する方法も国際会計基準において認められています。

　日本においても個別財務諸表に導入されるようになると，財務諸表の仕組みまで転換させるような根本的な変化を企業会計にもたらすものとなります。国際会計基準では貸借対照表も「財政状態計算書」と名称を変更しており，日本でも国際会計基準を採用した企業においては「財政状態計算書」と「包括利益計算書」の財務諸表が連結のレベルでは容認されています。

　新たな会計基準の基本的特徴は以上のとおりですが，それらが財務諸表の仕組みやその情報の意味に大きな変化をもたらすものとなることはいうまでもありません。

クイズ＜問題2＞の正解は（2）です。正しいというよりも妥当な答えというほうがよいかもしれません。新たな会計基準は投資家のための会計であるという点が最大の特徴であるので，投資家がいない中小企業には適用されないというのが妥当な考え方です。（1）のようなすべてを区別せずに適用するというのは，将来ありうるかもしれませんが，今日の時点では非現実的な意見です。（3）もありえる意見ですが現時点では極端なものと見るべきでしょう。資産負債アプローチに立って全面的な公正価値会計を行うと損益計算書のようなフローの計算書は必要なくなるという見解はすでに出ています。包括利益計算書の登場はその過程の1つの段階かもしれません。

第12章

資産会計の新たな基準

?クイズで考えよう

<問題1> 金融商品会計についての説明で正しいのはどれでしょうか？
（1）金融商品は金融業界の用語なので，財務諸表では金融商品という名称は使われない。
（2）金融商品会計の導入により，金融商品は貸借対照表に計上され，時価情報が開示されるようになった。
（3）金融商品の時価情報の開示は，投資家に役立つので証券市場の安定につながるものとなった。

<問題2> 減損会計とは固定資産の価値が減少した場合に，資産価額を減額し減損損失を計上することができる会計のことですが，それについて正しい説明はどれでしょうか？
（1）新技術の普及により使用中の機械が時代遅れとなったので，資産価額を減額し減損損失を出すことができる。
（2）使用中の機械によって作られる製品の収益が落ちてきたので，資産価額を減額し減損損失を出すことができる。
（3）使用中の機械について中古市場の価格を調べて資産価額より安くなっている場合，時価にあわせて資産価額を減額し減損損失を出すことができる。

<問題3> リース会計とは，借りた物件ではあっても条件によっては，資産（リース資産）として計上することを求める会計のことですが，それについて正しい説明はどれでしょうか？
（1）リース資産が計上される場合，減価償却が行われるので通常と同じように資金が留保される。
（2）リース資産が計上される場合，資金を借りて買ったのと同じなので，同額の債務も計上される。
（3）リース資産が計上される場合，資産であるので所有権も移転しているとみなされる。

1 ▌ 資産会計の変化とは何か

　前章で見たように新たな会計基準では，会計の考え方が大きく変わってきています。資産会計においては，何よりも時価評価が適用される点に変化のポイントがあります。資産を費用性資産ととらえる従来の考え方は収益費用アプローチにもとづくものでしたが，資産に時価評価を適用しようとするのは，資産を将来キャッシュ・フローを生む経済的資源ととらえる資産負債アプローチにもとづくものです。新たな会計基準では資産負債アプローチが基本的な考え方となっているので，時価評価が様々な資産に適用されるのです。

　時価評価には，時価と割引現在価値があるので，資産会計では評価の対象によって，時価と割引現在価値が使い分けられます。

　時価は，市場が存在して市場価格が明確な場合，市場価格を時価とします。ただし，実際には正味売却価額が使われます。割引現在価値は，市場がなく市場価格がない場合に，将来のキャッシュ・フローを見積もって計算されます。

　以下で，資産会計の変化を典型的に表わす，金融資産会計，減損会計，リース会計を取り上げますが，そこでは時価と割引現在価値が様々な形で使われているのを見ることができます。

2 ▌ 金融商品会計

金融商品とは何か

　「金融商品」という用語は，ファイナンスから来た言葉で，元来は金融業界で使われていたものです。金融商品とは，金融資産，金融負債および金融派生商品（デリバティブ取引）の総称です。金融商品は英語ではファイナンシャル・インストゥルメンツ（financial instruments）ですので，商品というより金融投資や資金調達の手段（インストゥルメンツとは道具のこと）を意味するといったほうがよいかもしれません。

　金融経済の進展により金融商品投資が活発化する中で，金融資産・金融負債にかかわる会計処理が必要となったことから，金融商品会計基準がアメリカで

考案され，日本でもその導入がなされました。金融商品とは会計の用語ではないので，金融資産，金融負債などの用語が財務諸表に示されるわけではありません。金融商品は次のように資産と負債の両方にまたがるものですが，ここでは主として資産の会計として述べていきたいと思います。

> 金融資産——現金預金，売上債権，金銭債権，有価証券，デリバティブ取引債権
> 金融負債——仕入債務，金銭債務，デリバティブ取引債務

　今までは資産を「費用性資産」と「貨幣性資産」と区分していましたが，金融商品の会計が導入されてからは，新たに「事業資産」と「金融資産」とに区分するようにもなっています。金融商品会計は，金融商品の多くを時価評価することをねらいとしたものです。なぜ時価評価されるかといえば，金融資産は値上がりを期待して保有されるものであるので，取得原価ではなく値上がりを示す時価のほうが資産の評価額としてふさわしいと考えられたからです。新しい資産の区分で評価の違いを示すと，次のようになります。

> 事業資産 —— 取得原価
> 金融資産 —— 時価

　金融資産には，現金預金，売上債権，金銭債権などの従来からの貨幣性資産もありますが，時価評価の主な対象となるのは有価証券とデリバティブ取引ですので，そうした項目を中心に以下で見てみましょう。

有価証券

　金融商品会計の中で，有価証券は評価上の区分がなされるようになり，すでに述べたように4種類に分けられるようになりました。

> 評価上の区分
> 売買目的有価証券——時価　——→損益計算書
> 満期保有目的債券——取得原価（償却原価）
> 子会社および関連会社株式——取得原価
> その他有価証券——時価　——→貸借対照表

　売買目的有価証券については，時価評価による「有価証券評価損益」を損益計算書の「営業外収益」（評価益の場合）もしくは「営業外費用」（評価損の場合）に計上し，その他有価証券については，時価評価による「その他有価証券評価差額金」を貸借対照表の純資産の部に計上することとなっています。

　売買目的有価証券の評価益が損益計算書に計上される根拠は何でしょうか。損益計算書に計上される利益は，先に見たように実現利益です。販売等により対価（現金や債権など）が生じる場合に利益として認識するのが，従来からの実現主義の考え方でした。売買目的有価証券の評価益は実現の一歩手前の存在であり，実現可能な状態にあると考えられることから，実現と同じとみなされることになりました。「実現主義」から「実現可能主義」へと変化したといわれています。

　しかし，実現主義は実現利益という分配可能利益の計上に適合するものでしたので，実現可能主義によって評価益が入ってくると利益の性格が変わってしまうのではないかという懸念も生まれています。分配のための利益から，情報のための利益に変わっていこうとしているのです。

　その他有価証券には，日本特有の「持合株式」が入るのが特徴です。持合株式とは，会社同士がお互いに相手の株式を持つことを指します。なぜこのようなことをするかといえば，株主としてお互いを支え合うことで株主総会を安定的（妨害なく）に運営し，企業買収への防衛に備えるとともに，関係会社として取引等による相互利益を保証し合うためです。かつては6大企業集団（三井，三菱，住友，第一，芙蓉，三和）の中で持ち合いが行われていました。しかし，近年は減少傾向にあります。それには時価評価の導入も関係しています。

　持合株式が時価評価されるため，株式市場が低迷すると持合株式に評価損が出て，純資産の部の「その他有価証券評価差額金」がマイナスとなってしまいます。純資産の額が毎期，この評価差額金の変動によって左右されるのはよいことではありません。それを避けるために近年，持ち合いの解消が進んだともいわれます。

デリバティブ

　金融商品会計の導入で，財務諸表に計上されるようになったのが「デリバ

ティブ取引」です。デリバティブとは，金融派生商品のことをいいます。この
デリバティブは derive（派生する）という言葉から生まれ，株式や債券など
の従来からの金融商品（原資産）から派生した金融取引を指します。デリバティ
ブ取引は，実際の資産の取引ではなく，実際の資産を元にした契約にしかすぎ
ません。契約は何らかの対象を受け取る権利と特定の金額を支払う義務から
なっています。契約はまだ履行されていないのに，これを貸借対照表に示し，
評価損益を損益計算書に計上しようというのが，金融商品会計のねらいです。

　なぜ，デリバティブ取引を財務諸表に計上するかといえば，突然に損失が出
たり，利益が企業により恣意的に表示されたりするのを防ぐためです。投資家
へのリスクを含む情報開示のために導入されたといえます。デリバティブには
基本的に次のものがあります。

デリバティブ取引

先物取引————将来の時点での売買を価格や数量を決め
て約束する取引（契約）で，将来の約束
の時点で売買が行われる。

オプション取引——あらかじめ決めた価格で売買するかしな
いかを選択する権利（選択権）を購入す
る取引（契約）で，一定の時点で行使や
権利放棄が行われる。

スワップ取引————異なるタイプの利息（変動金利と固定金
利など）を交換する取引（契約）で，将
来にわたって金利のみの交換を行う。

　デリバティブ取引は，契約にしかすぎませんが，利益が出ているか損失が出
ているかが決算の時点で評価されます。例えば先物取引では，債券を売る契約
をしている場合，約束の価格よりも時価が下がっていれば売却益が見込まれる
ので，評価益が算定されます。契約だけであっても，利益と損失のどちらが見
込まれるかについて評価されるのです。

　したがって，デリバティブ取引は時価評価により，正味の債権か債務が貸借
対照表に示され，評価損益が損益計算書に計上されます。デリバティブはハイ
リスク・ハイリターンのギャンブルのような性格をもっています。実際の資産

を保有するわけではないので（契約だけなので），予想がはずれると大きな損失が生じるからです。

　デリバティブは投資目的ではなくヘッジ目的での利用が主となります。ヘッジとは「垣根で保護する」という意味です。ヘッジ対象となる取引の価格や金利，為替の変動リスクを軽減する目的でデリバティブが使われます（リスクから守るためのヘッジです）。その場合には，ヘッジ対象の損益が認識されるまで評価差額を繰り延べて，「繰延ヘッジ損益」という名称で貸借対照表の純資産の部「評価・換算差額等」のところに表示する方法が採用されます。

　多くの企業が本業以外に金融投資活動を行っており，金融収益の比重は高まっています。2008年末のリーマンショックの中で大きな金融損失をこうむる銀行や企業が生まれたように，財務諸表の分析においても重要なポイントとなっています。こうしたことは「有価証券報告書」の注記で詳しく情報開示されることになっているので，それらの情報をよく検討する必要があります。

　　クイズ＜問題1＞の正解は（1）です。金融商品という名称は使われません。したがって（2）は間違いです。金融商品の性格をもつ資産や負債が計上されると解釈した場合でもデリバティブ取引は契約全体ではなく正味のみの計上なのでやはり間違いとなります。（3）も間違いです。リーマンショックはサブプライムローンの値下がりを契機に，一斉に金融商品の時価が下がったことで，かえって時価情報がパニックを生んだともいわれています。そのため現在では時価情報の開示の仕方を制約するようになっています。

---

3 ▌ 減損会計

減損とは何か

　固定資産の減損とは，固定資産の収益性が低下し，固定資産に対する投資額の回収が見込めなくなった状態をいい，減損会計とは，固定資産を減額しそれを減損損失として計上する会計処理をいいます。

　通説の説明では，減損は固定資産の上方評価（評価益のこと）を含んでおらず資産の評価損のみを計上するので，取得原価会計の枠内（取得原価の範囲内）

での会計処理とされています。しかし，そこでの評価減は時価（正味売却価額）や将来キャッシュ・フローの割引現在価値にもとづいて行われることになっており，下方評価（評価損）に限定はされていますが，新たな会計に特徴的な時価評価が行われています。したがって，やはり減損会計は時価会計の適用の一種と見るべきでしょう。

主観的な原因の減損

　従来の臨時償却と減損の違いは何でしょうか。臨時償却は，予見することのできなかった新技術の発明等の外的事情により，固定資産が機能的に著しく減価した場合に行われる減価償却の修正です。他方，減損は固定資産が有する収益性の低下を反映させる会計処理です。臨時償却が想定しているのは，例えば重油で動かしていた工場の装置が発明等により電気・電池で動かす装置に変わっていく場合のような，客観的な経済的原因により生じる機能的減価（装置としては使えるが，遅れた技術となって価値が減ること）です。機能的減価は物理的減価とともに減価償却の対象となり，減価償却の枠内にあるものと位置づけられます。

　それに対して，減損の場合の収益性の低下は，その企業における個別的で主観的な減価です。収益性の低下は，新鋭設備を導入したが，従業員の能力が不足して設備を使いこなせなかったり，市場に適合するような製品の生産に活用できなかったりというような，企業の投資計画が主観的な事情で上手くいかなかった場合に生じます。

　極論すれば製品が売れなくなって利益が出なくなったら，それは収益性の低下ということになります。臨時償却のような客観的な原因ではなく，減損はそれぞれの企業の主観的な原因を対象とするものといわねばなりません。収益性の低下は複合的な要素から生まれるものです。従業員の士気や活力，経営戦略や戦術を展開する経営者の能力，技術開発力，マーケティング力，ブランド力などの主観的要素がすべて固定資産と結びついて，その企業の収益力となります。その収益力が低下した場合に固定資産の問題として減価処理するところに，減損会計の特徴が現れています。

減損処理の方法

　減損は，固定資産の回収可能価額を見積もり，その資産の価額が回収可能価額を上回る場合に，資産価額を回収可能価額まで減額することによって行われます。

　次のような順序で減損処理が行われます。

①資産のグルーピング──▶キャッシュ・フローを生み出す資産の単位を明確化する。

②減損の兆候認定──▶その資産の単位からの営業損益や営業キャッシュ・フローが継続してマイナスとなるかマイナスとなる見込みの場合や，その資産に関して経営環境が著しく悪化したか，悪化する見込みなどの場合に，減損の兆候があったとする。

③減損損失の認識──▶資産から得られる割引前将来キャッシュ・フローの総額（最長20年以内）と帳簿価額を比較し，キャッシュ・フローが下回った場合には減損損失を認識する。

④減損損失の測定──▶帳簿価額を回収可能価額まで減額し，減損損失を損益計算書の特別損失項目のところに計上する。回収可能価額は，時価（正味売却価額）か使用価値（将来キャッシュ・フローの割引現在価値）のいずれか高いほうとする（使用価値とはその企業の使用によって得られる価値をいう）。

減損損失の効果

　なぜ減損会計が行われるのでしょうか。減損の処理は，見方を変えると収益性を回復させるためのものということができます。回収可能価額とは，収益によって固定資産の金額を回収しうる額（減価償却累計額に近い額）を意味するので，固定資産を当期に回収可能価額まで一気に減額すれば次期からは収益が生じることになります。減額により固定資産の減価償却費が大幅に減少するので費用が低下し，少ない収益であっても利益が生まれるようになるからです。アメリカではこうした減損損失の効果のことを「ビッグバス効果」と呼んでいます。ビッグバス（大きなお風呂）でアカを落とすことで企業が再びきれいになることを指す言葉です。こうしたビッグバスにより，Ｖ字回復効果（一時は

大きな赤字が出るが急回復する効果）も期待できます。

　また，資金の留保にもつながります。減価償却費と同じように，減損損失は現金支出を伴わないので，資金を留保して収益性の回復に使うことができます。

　減損会計は，まさに収益性を回復させるための会計処理であるといえます。またこうした減損処理は企業全体のリストラとともに行われることが多く，リストラのための会計の側面ももつことになります。

主観的・恣意的となる危険性

　このような減損の手続きを見ると，資産の単位の想定にしても，最長20年にもわたる将来キャッシュ・フローの見積りにしても，不確定な要素が多く，主観的な判断の入り込む余地が多いことがわかります。減損会計においては，減損の原因に客観的なものだけでなく主観的なものも交じり，減損の手続きも主観的なものとなる可能性が生まれます。

　工場への設備投資などについては，時価のある土地などと異なり回収可能価額の算定は容易ではありません。工場で製造する製品の売れ行きが悪くなり赤字が出るようになった場合，減損が行われることになりますが，回収可能価額はかなり主観的な見積りとならざるをえません。そこでは結局，減損後の翌期に黒字に転換するような処理がなされることになります。減損することによって資産価額を一挙に切り下げ，翌期以降の減価償却費の大幅な減少により費用を低下させることで利益を上げようというわけです。

　なぜこのような主観的な要素をもつ減損会計が導入されたのでしょうか。それは投資家が，その企業の経営活動におけるリスクを知りたいからであり，リスクを処理した場合の収益性の回復見通しを経営に期待するからです。投資家はそれが主観的であっても，そうした情報を得たいわけです。その結果，減損処理をした企業の株が上がるという傾向も見られます。減損によって一時的に赤字となっても内部留保の厚い企業はそこで赤字を吸収し，次期以降，収益性の回復により利益を上げることができるのです。

　減損会計は，実質的には収益計画の見直し情報であるといってもよいかもしれません。減損会計の導入によって固定資産の将来の収益性についての情報提供の会計に転換したといわねばなりません。

4 ▎リース会計

リースとは何か

「リース取引」とは，貸手（レッサーという）が，物件の所有権を保有したまま，その使用権を借手（レッシーという）に貸与し，使用料（リース料）を借手が貸手に支払う取引をいいます。

リースはレンタルとは違います。レンタルはレンタル CD のように，不特定多数に対して短期間の貸与が繰り返し行われます。汎用品(誰もが使える品物)の貸与です。リースはレンタルと違って，特定の者へ長期間にわたって行われる貸与です。それをさらに他の者に貸与することは想定されていません。貸与される品物も，借手にあわせて注文した専用品となります。

したがって，リースは品物を購入したと同様の効果をもつ取引ということがいえます。当初，リース物件は資産として計上されなかったので，リースには大きなメリットがありました。同規模の企業が，一方は銀行からお金を借りて機械を購入し，他方は同じ機械をリースによって借りる場合の事例を考えてみましょう。

購入した企業は，機械を資産とし，借入金を負債として貸借対照表に計上します。他方のリースを使う企業は借りただけなので貸借対照表は変化せず，損益計算書にリース料だけが計上されます。購入企業のほうは資産の減価償却費と借入金の支払利息が費用となりますが，リース料と金額が同じと考えれば，貸借対照表の合計額が違うだけということになります。しかし，２つの企業が同じくらいの利益が出ているとすれば，総資産利益率（利益／総資産×100%）は購入した企業よりリースを使った企業のほうが高くなります。見た目の比率はリースを使う企業のほうがよく見えるようになるのです。

これは，投資家から見れば誤解を招くと考えられます。実質的には同じよう

な経営内容であるのに，購入した企業よりもリースを使う企業のほうが投資対象としてよりよく見えてしまうからです。そこで貸借の法的形式ではなく経済的実質のほうを選ぶ会計処理方法が考案されました（法的形式から経済的実質優先への変化）。それがリース会計です。経済的実質（購入と同様）を重視し，購入物件と同様に扱う方法です。所有していないリース物件はそれまではオフバランスでしたが，貸借対照表に計上するオンバランスの方法をとることになったのです。

　こうしたリース資産の計上により，資産の考え方も今日では変化してきています。企業の資産は，所有しているかどうかではなく，支配しているかどうかが基準になってきています。将来のキャッシュ・フローを生み出す経済的資源を支配できている（その便益を享受する）場合に，それが企業の資産とみなされるのです。

ファイナンス・リースとオペレーティング・リース

　しかし，すべてのリースがオンバランスされるわけではありません。資産として計上するのは「ファイナンス・リース」，資産として計上しないのは「オペレーティング・リース」として区別されます。ファイナンス・リースという名称は，リースがお金を借りて資産を購入したと同じとみなされることから，ファイナンス（資金調達）したと同様のリースという意味で付けられました。

　ファイナンス・リースとオペレーティング・リースを分類する基準は2つあります。ノンキャンセラブル（解約不能）とフルペイアウト（実質負担）です。

　①ノンキャンセラブル ── リース契約により期間中において当該契約を解除できないこと。

　②フルペイアウト ── リース物件からの経済的便益を実質的に享受し，かつ，その使用によって生じるコストを実質的に負担すること。

　ノンキャンセラブルでフルペイアウトの場合のリースはファイナンス・リースと判定されます（具体的には，その実質負担の総額が現金による購入見積額

の90％以上であるか，解約不能の期間が経済的耐用年数の75％以上である場合とされる）。それ以外のものがオペレーティング・リースとなります。

リース取引の２分類

ファイナンス・リース取引 ⟶ ノンキャンセラブルでフルペイアウトのリース取引。さらに，所有権移転ファイナンス・リースと所有権移転外ファイナンス・リースに分類

オペレーティング・リース取引 ⟶ ファイナンス・リース以外のリース取引

　ファイナンス・リースは売買取引に準じた会計処理となり，貸借対照表の固定資産にリース資産として計上され，他の固定資産と同様に減価償却が行われます。ファイナンス・リースはさらに所有権移転リースと所有権移転外リースに分類されます。その処理法の違いは減価償却の仕方に現れます。

所有権移転 ——他の固定資産に適用されている減価償却方法が適用
所有権移転外——残存価額ゼロで定額法による減価償却が適用

　2008年までは，所有権移転外リースは，資産計上しなくてもよいとされていたので，ほとんどの企業が所有権移転外リースを選択して，資産計上を行っていませんでした。しかし，リースに関する情報開示として適切ではないということで改正され，現在では所有権移転外リースも資産計上されるようになっています。

ファイナンス・リースの会計処理

　ファイナンス・リースの会計処理を簡単な事例（機械装置の２年間のリース）で見てみましょう。

＜設例＞
　機械装置の年間リース料は12,100千円でリース期間は２年。
　リース会社の購入価額は不明であり，借手側での機械装置に関する見積

現金購入価額は22,000千円であり，借手の利子率10%である。この設例につ
いてリース資産とリース債務を計算し，リース料支払の処理とリース資産
の減価償却を行う（所有権移転外の条件を想定）。

　ファイナンス・リースの会計処理のポイントは，まずリース資産の金額を決
めるところにあります。リース会社が機械装置をいくらで買ったかわからない
ので，借りるほうで見積りをする一方，リース料総額から金額（割引現在価値）
を計算します。見積額と割引現在価値を比べたうえで，安いほうをリース資産
の取得価額とするのです。

　①リース資産の取得価額とリース債務の計算
　・リース料と利子率からリース料総額の割引現在価値を求める。
　　　1年後のリース料からリース開始時の割引現在価値を計算
　　　　　$12,100 ／（1 ＋0.1）＝11,000$千円
　　　2年後のリース料からリース開始時の割引現在価値を計算
　　　　　$12,100 ／（1 ＋0.1）×（1 ＋0.1）＝10,000$千円
　割引現在価値の総計　$11,000 ＋10,000 ＝21,000$千円
　見積現金購入価額22,000千円より安いので21,000千円をリース資産の価額と
　して使用

　リース資産の金額が決まると，リース資産の計上となるのですが，相手科目
を何か設定しなければなりません。会計は複式簿記の仕組みのうえに成り立っ
ているので，必ず左右の両方に科目を並べなければならないからです。そこで
リース資産の相手科目をリース債務とします。お金を借りて資産を購入したと
仮定しているのがファイナンス・リースなので，リース債務という負債が計上
されるわけです。これを「資産・負債両建て方式」といい，次のように両建て
で計上されます。
　（借）リース資産　21,000　　（貸）リース債務　21,000

　リース資産を計上しようとすれば，それに見合う科目を作らなければならな

いことを意味します。ある意味でリース資産も仮定ですが，リース債務も仮定によって作られるのです。両建てされたリース資産とリース債務はそれぞれ次のように処理されていきます（図1参照）。

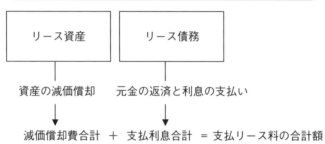

図1　リース資産・リース債務の設定とその後の処理

②リース料支払の処理

1年後の決算

（借）リース債務　10,000　　（貸）現　　金　12,100　（リース料に相当）

　　　支払利息　　　2,100

＊支払利息の計算：21,000×10％＝2,100

2年後の決算

（借）リース債務　11,000　　（貸）現　　金　12,100　（リース料に相当）

　　　支払利息　　　1,100

＊支払利息の計算：（21,000－10,000）×10％＝1,100

実際のリース料支払は，毎期12,100千円ですが，それは仮定されたリース債務の元金返済と支払利息の合計がそれに相当します。

③リース資産の減価償却

1年後の決算

（借）　減価償却費　10,500　　（貸）　減価償却累計額　10,500

2年後の決算

（借）　減価償却費　10,500　　（貸）　減価償却累計額　10,500

　他方，リース資産のほうは，毎期，減価償却がされていきます。図1のように，減価償却費と支払利息の合計が支払リース料の合計となります。2年間の費用を合計すると，減価償却費の小計は21,000千円，支払利息の小計は3,200千円で合計は24,200千円となり，結局，2年間の支払リース料24,200千円と同額になるからです。

リース会計の問題点

　この場合の減価償却費は資金留保となっているでしょうか。実は通常の減価償却と違って，資金の留保とはなっていません。これは元々，実際はリース料を支払うだけのリース取引を資産計上に見立てたものなので，実態はリース料という費用が現金支出を伴って発生しているだけです。それを両建てで，リース資産，リース債務の計上をすることで，減価償却費と支払利息が発生しているように仮想しているのです。したがって，この場合，リース料として現金支払いが生じているので，減価償却費に資金を留保する効果はありません。

　また，費用は，1年目が12,600千円（減価償却費10,500＋支払利息2,100）となり，2年目が11,600千円（減価償却費10,500＋支払利息1,100）となって，実際のリース料とは異なる期間配分となっています。費用が逓減する形となっていることがわかります。したがって，利益計算に変化をもたらしているということができます。

　つまり，投資家にリース資産（それに伴うリース債務）を見せようとしたために，費用の配分とその効果（利益計算や資金留保）に影響が出ることになるわけです。

　資産負債アプローチにもとづき資産・負債を重視したことで，費用・収益の計算にしわ寄せがいっているのです。あえていえば，投資家のための資産・負債情報の提供が，費用・収益の情報に歪みをもたらしているということができます。

> 　クイズ＜問題３＞の正解は上で見たとおりの（２）です。リースの場合，減価償却が資金留保とならないので，（１）は間違いとなります。（３）はリースはあくまでの賃貸物件なので，リース終了時に所有権が移転することはあっても，資産計上するだけで所有権は移転となりません。したがって間違いとなります。

リース会計の新たな動向

　リース会計は国際会計基準の受容のもとに日本に導入され，上で見たようなリース会計の実務が行われてきていますが，その後，国際会計基準の改訂が行われ新たなリース会計基準が2016年に公表されました。それを受けて日本のリース会計基準の改訂が検討され，新たな基準案が提起されています。基準案は承認される方向にあり，早ければ2026年から新たなリース会計が実施される予定です。どのような点が変更されるかについて，その要点を見ておきましょう。

　これまではリースを利用する場合，購入した資産と同じ経済的実質をもつかどうかによって，所有資産と同じものと見るファイナンス・リースと，単に借りて使用するだけのものと見るオペレーティング・リースに区別してきました。新しいリース会計基準案では，ある資産の使用を支配できる権利（使用権）をもつかどうかによってリースの処理を判定するという考え方が採用されています。その結果，一部の例外を除き，借手はすべてのリースについて資産および負債を認識することになります。

　つまり，ファイナンス・リースとオペレーティング・リースの区別をなくして，すべてのリースをファイナンス・リースのような資産・負債両建て方式にするという提案です。その場合，これまでは「リース資産／リース負債」という科目だったものを「使用権資産／リース負債」という新たな科目の組み合わせにするとしています。実質上，オペレーティング・リースがなくなり，ほぼすべてがファイナンス・リースのように資産・負債として処理されると考えられます。

　資産とは何かについて新しい考え方が基準案では提案されているわけですが，こうしたリース会計の新たな動向に今後も注目が必要です。

第13章

負債会計の新たな基準

❓ クイズで考えよう

<問題1> 退職給付会計は，将来支払うことになる退職金・退職年金に備えて年金資産といわれる資産を積み立て，他方で従業員に対する支払いの義務を債務として示すための会計ですが，それについて正しい説明はどれでしょうか？

（1）企業の貸借対照表には，年金資産とその債務の全額が表示される。

（2）企業の貸借対照表には，年金資産の積立不足分（積み立てられるべき計算上の金額と実際との差額）のみが表示される。

（3）年金の積立ては，従業員のためのものなので，企業が企業のための活動に使うことはできない。

<問題2> 資産除去債務会計は，将来における資産の除去（設備の撤去や解体）に必要な支出に備えて，それを支払うための債務（資産除去債務）として処理する会計ですが，それについて正しい説明はどれでしょうか？

（1）資産除去債務は，引当金と同じように，将来の支出に備えるための資金の留保を示している。

（2）除去が必要となる資産には，すべて資産除去債務が表示される。

（3）資産除去債務は，将来の支出が生じることを投資家にあらかじめ示すための情報である。

1 ▎負債会計の変化とは何か

負債会計も資産会計と同様に変化してきています。これまでは負債会計の1つの焦点は引当金会計でした。引当金は，何らかの将来に予想される支出に備えて，会計上の負債として設定されるものでした。引当金の設定のための引当金繰入が費用として収益から控除される点にポイントがありました。引当金繰入という費用を生じさせることによって，利益を内部留保し，それに対応して引当金という負債を作ってきたのです。この方法は収益費用アプローチによるものです。

しかし負債会計にも資産負債アプローチが適用され，時価評価がなされようとしています。退職給付会計と資産除去債務を取り上げて，どのように時価や割引現在価値が適用されようとしているかを見てみましょう。

2 ▎退職給付会計

退職給付引当金——退職給与引当金との違い

退職給付会計とは，従業員の退職給付（退職一時金および退職年金）に関する会計をいいます。重要なポイントとなるのは「退職給付引当金」です。退職給付会計導入以前は，「退職給与引当金」でした。それまでは退職一時金など退職給付の多くは「退職給与引当金」によって，企業内に留保されてきました。退職給付会計は，そうした企業内に留保される方式からの転換を図るものです。

「退職給与引当金」と「退職給付引当金」には，どのような違いがあるのでしょうか。

大きな違いは，退職給付の積立方法が企業内部引当と外部積立のどちらとなるかという点にあります。

「退職給与引当金」の場合は，企業内部引当の方法がとられてきました。退職給与引当金は退職一時金の支払いのために準備されるもので，企業の貸借対照表の右側の負債のところに設定されます。なぜ負債かといえば，将来，従業員に払わなければならない義務だからです。退職一時金支払いのための資産が

積み立てられるわけでありませんが，退職給与引当金に見合う資産が企業内に存在すると見ることができます。退職給与引当金の設定に際して退職給与引当金繰入が費用として計上されますが，現金支出を伴う費用ではないので，その分の資金が企業内部に蓄積されます。退職給与引当金が内部留保項目とされてきたのは，このような資金の留保効果を前提にしています。

　それに対して「退職給付引当金」は，退職給付の積立方法が基本的に外部積立に変わることから生まれる引当金である点に大きな違いがあります。企業内部ではなく，企業外部の保険会社や金融機関に退職給付のための資産を預けるわけです。企業外部に積み立てられるのは「年金資産」と呼ばれます。なお，退職一時金は企業内部に積み立てられることもあります。

外部積立ての年金資産

　退職給与引当金とそれに伴う資金がすべて貸借対照表に計上されたのと違い，外部積立の年金資産は企業の資産とは区別される点が大きく異なります。

　図1のように，年金資産は企業の貸借対照表には計上されません。年金資産の右にあるのは退職給付債務です。退職により見込まれる退職給付の総額（退

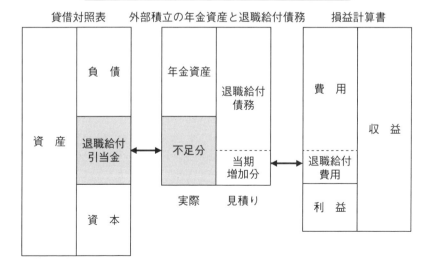

図1　年金資産と貸借対照表・損益計算書の関係

職給付見込額）のうち，期末までに発生していると認められる額を割り引いて計算されるのが退職給付債務です。つまり右側の退職給付債務はあくまでも見積り（計画）でしかありません。年金資産は退職給付債務という見積りに従って積み立てられる実際の資産です。

　見積りである退職給付債務は従業員が辞めないかぎり，毎期，増加する傾向にあります。従業員の勤務年限が伸びることに従い，退職給付債務は増加するので，それに見合って年金資産も積み増されねばなりません。その際，退職給付債務の増加分が退職給付費用として損益計算書に計上されますが，それに対応した分の積立てがズレるので年金資産が不足することになります。その分が退職給付引当金として毎期末に設定されます。退職給付引当金の分はその後，外部の金融機関に年金資産として積み立てられれば解消されることになります。

退職給付費用

　退職給付費用の計算は基本的に次のとおりです。

　　退職給付費用＝勤務費用＋利息費用－期待運用収益

　勤務費用とは，従業員の勤務年限が１年増えたことで計算される退職給付債務の積み増し分です。しかし，将来支払う退職給付見込額をそのまま積み増す必要はありません。なぜならば，積み立てられた年金資産は運用によって利息が付いて増えていくからです。勤務費用（積み増し分）は，退職給付見込額から割り引いた割引現在価値として計算されます。

　期待どおりに資産が運用されて利息分が収益となれば，この計算式は「退職給付費用＝勤務費用（積み増し分）」だけでよいのですが，運用は期待どおりにいかず利息が足りなくなるのが実情です。そこで「利息費用－期待運用収益」の項目を追加します。利息費用は計画上で予定される本来の利息分です。期待運用収益は資産の運用結果の利息分です。計画どおりに運用されれば「利息費用－期待運用収益＝ゼロ」となります。しかし期待運用収益が減った場合は，不足分を費用として追加しなければならなくなります。

退職給付見込額と退職給付債務

　退職給付見込額と退職給付債務，退職給付費用の関係は，退職給付見込額から退職給付債務を求めてそれを測定する過程に現れます。図2は退職給付債務の測定プロセスを示しています。退職給付債務を設定する際に，退職給付費用が発生し，それが積み増されていく過程をイメージした図です。

　退職給付債務とは，退職後支給される見込額のうち当期までに発生していると認められるものを指し，図2のように割引現在価値計算で算定されます。退職給付見込額は保険数理計算により求められる推定額であり，割引現在価値計

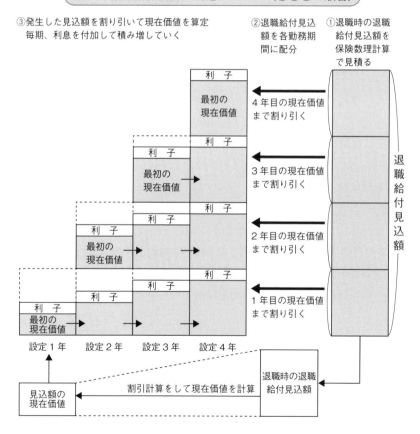

図2　退職給付債務の測定プロセス（①②③の順番）

算で使われる割引率も変化するので，退職給付債務は変動の余地のある見積額となります。また，積み立てられた年金資産は運用が有価証券や債券等で行われるので，時価評価が必要になります。こうした点に，退職給付会計がもつ時価会計の性格が現れています。

退職給付引当金の性格

退職給付会計では，退職給付引当金は期末の退職給付債務の増加分（退職給付費用）に対応して生まれる経過的な科目であり，ただちに解消されることが想定される科目であると考えられます。しかし，それ以外にも年金資産と退職給付債務とのズレは常に生じる可能性があり，特に年金資産の運用が予定どおりにいかず積立て不足が生じる場合，追加の退職給付引当金が必要となります。退職給付費用により生まれる退職給付引当金だけでなく別の要因からの積立て不足から設定される退職給付引当金も加わり1つにして表示されます。

積立て不足が生じるのは，年金資産に期待されたほどの利息が付かず，運用収益による資産の増加が見込まれない場合や，年金資産の時価評価が下がった場合などです。すべてが見積りによって組み立てられているため，予想とのズレが生じるのです。

その場合に追加される退職給付引当金は，毎期生じる増加分の受け皿として生じる退職給付引当金とは異なっています。というのは，毎期の増加分のための退職給付引当金は外部への掛け金の支払いによって解消されますが，積立て不足により設定される退職給付引当金は解消されることなく存続するからです。このような退職給付引当金は，外部積立てを補完する形で内部引当として存在しています。また，内部引当の退職一時金もそれに加わります。内部引当という点から見れば，それは以前の退職給与引当金と同じ性格をもつと考えられます

退職給与引当金のような恒常的な内部留保ではありませんが，退職給付引当金は企業によっては内部留保として大いに利用されている項目といえるでしょう。退職給付引当金についても注記で詳しく情報開示されていますので，企業の退職給付に対する姿勢も含めて分析する必要があります。

> 💡　クイズ＜問題１＞の正解は（２）です。以前の退職給与引当金の時代は，内部引当として全額が企業の貸借対照表に表示されていましたが，退職給付会計が導入されて以降は，年金資産は外部積立てとなったので，企業の貸借対照表には表示されません。その代わり，年金資産の積立て不足のみが「退職給付引当金」として表示されるので（１）は間違いで（２）が正解となります。（３）の年金積立てを企業が使えるかどうかという問題はどうでしょうか。外部積立ての年金資産は従業員のためのものですが，退職給付引当金は企業内部での引当てとなっていて年金資産として拘束されていませんので，事実上，企業の活動に使われています。したがって（３）は間違いとなります。

3 ▌資産除去債務

資産除去債務とは何か

　何らかの有形固定資産の除去時に，法令や契約などによって特別な処理費用が必要となる場合に生じる義務が「資産除去債務」です。例えば，スーパーマーケットの店舗や銀行の支店が建物を借りて造られる場合，一定期間後の施設除去の際の処理が契約などで義務づけられている場合などです。有害物質等を法律などの要求により特別な方法で除去する義務も含まれます。

　その計上には引当金方式と資産・負債両建て方式が想定されますが，これまでの会計の考え方では引当金方式が主流でした。すでに見たように，将来の施設の除去のための費用は引当金の４つの要件に該当するので，資産除去引当金として設定が可能です。引当金は資金を内部留保する効果があるので，将来の除去費用が発生するまで，そのための資金を貯めておくことができます。しかし結局は，国際会計基準では引当金方式ではなく資産・負債両建て方式に統一され，その後，日本の基準でも資産・負債両建て方式となりました。

資産・負債両建て方式

　資産・負債両建て方式で，どのように資産除去の準備がなされるのでしょうか。

　その場合には，将来の除去債務は割引現在価値で計算されることになります。

　例えば，借りた店舗の器具備品を5年後に施設撤去することを契約したケースを想定しましょう。5年後の資産除去債務を履行するための将来キャッシュ・フローを見積もると100,000千円であり，利子率が8％であるとします。減価償却は定額法で残存価額はゼロとします。

　まず，5年後の100,000千円を利子率8％で割り引いて現在価値を求めると，68,058千円となるので，当初（2015年期首）の認識として次のような処理をします。

2015年期首（当初認識）
（借）器具備品（資産除去原価）　68,058　　（貸）資産除去債務　68,058

　この処理が資産・負債両建て方式です。借方側は，資産である建物の取得原価に資産除去原価が資産化されて付加されたものです。貸方側は，5年後の資産除去債務が割引現在価値で評価されたものです。この形は，（借）リース資産　（貸）リース債務となるファイナンス・リースの両建て方式とよく似たものです。

　同じ点はリース資産と同様に毎期，減価償却されていく点であり，違う点はリース債務が返済され減額していくのに対し，資産除去債務は毎期，積み上がっていく点にあります。なぜならば，5年後の施設撤去時に債務が撤去費用として支出（キャッシュ・アウトフロー）されるからです。各期の利子がどのように増加していくかを見ると，次のようになります。この利子費用は除去債務の毎期の期首額に8％を乗じて計算したものです。

年度	利子費用	除去債務
2015年期首		68,058
2015年期末	5,445	73,503
2016年期末	5,880	79,383
2017年期末	6,351	85,734
2018年期末	6,859	92,593
2019年期末	7,407	100,000

　そして資産の側では減価償却が行われ，毎期13,612（68,058÷5）千円が減価償却費となります。したがって2015年期末では次のように処理されます。そしてその後も毎期，利子費用が増加する形で同様に行われていくことになります。

（借）利子費用　　　　5,445　　（貸）資産除去債務　　　5,445
（借）減価償却費　　13,612　　（貸）減価償却累計額　13,612

　以上が資産・負債両建て方式による資産除去債務の処理ですが，実はこの処理を引当金方式で行うことも可能です。
　5年後の施設撤去費100,000千円の発生を見積もって毎期，20,000千円を引当計上する処理（（借）引当金繰入　20,000　（貸）資産除去引当金　20,000）をすることができるからです（引当金は5年後に100,000千円となる）。引当金の場合は，毎期の費用が一定で，引当金額が資金留保額でもある点に特徴があります。
　両建て方式と引当金方式との違いは，除去債務全額（割引現在価値ではあるが）を当初から認識するか，徐々に認識するかという点にあります。
　どちらが妥当かということになりますが，国際的に採用されたのは資産・負債両建て方式でした。その理由は，資産負債アプローチに立てば，負債の全体を時価評価（この場合は現在価値評価）すべきということになるからです。

投資家のための資産除去債務

　それでは，資産除去債務の問題点は何でしょうか。
　まず問題となるのは，除去費用がいくらかかるかは，実施してみなければわからないほど不確定であるという点です。原子炉の解体費用などはその最たる事例です。修繕引当金のように，経験的に費用が見積もられるようなものとは性質が異なり，特殊な費用ですので，予測には困難さがつきまといます。相当の幅のある費用を資産の原価に組み入れ，債務を設定することがよいかどうかということになります。しかもその将来キャッシュ・フローを利子率で割り引いて現在価値を求めるので，利子率の設定やその後の変化なども不確実な要素

となります。したがって，除去債務のような新たな負債は，非常に不確定な要素を会計計算に持ち込むことになります。そこには当然のことながら，経営者の恣意性や操作性も入り込みやすいといわざるをえません。

　こうした点を見ると，結局，企業経営にとって将来のリスク（除去費用負担）を不確定でも早めに計上することにねらいがあり，そうした姿勢を投資家に開示することに主眼があるものと思われます。こうした負債の計上は，やはり投資家のための情報という性格を色濃くもたざるをえません。

資産除去債務の問題点

　さらに資産・負債両建て方式にも問題があると思われます。リース会計の場合は，資産側でリース資産の計上が先に決まり，相手科目を何か設定しなければならないことからリース債務が作られました。会計は複式簿記の仕組みのうえに成り立っているので，必ず左右の両方に科目を並べなければならないからです。両建て方式は，左右でつじつまを合わせることが要求されます。資産除去債務会計の場合は，図3のように負債側で資産除去債務の計上が先に決まり，それに対応させるために，資産側で本体の固定資産に追加する形で資産が計上されます。

　引当金の場合は毎期，一定の費用（引当金繰入）が発生し，それに対応して引当金が設定されます。毎期の費用が引当金となり，その額が将来の支出につ

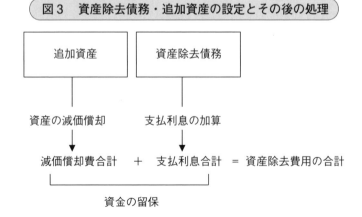

図3　資産除去債務・追加資産の設定とその後の処理

いて資金留保分を示すことになります。しかし，資産除去債務のほうは資金の留保を示すわけではありません。資産除去債務の支払利息と追加資産の減価償却費が毎期，発生しますが，そうした費用は現金支出ではないので，その合計が資金留保となります。しかし，その費用合計と資産除去債務の額とは一致しません。つまり資金留保の状況は引当金とは違い，費用の中にまぎれてわからなくなってしまうのです。資金の動きが見えなくなっているといえます。

追加資産にも問題があります。その分の資産価値が高まったわけではありませんし，追加資産には換金性がありません。資産除去債務の相手科目とするために，資産ではないものを資産とみなしているにすぎないからです。そして追加資産として認識し減価償却していくわけですが，その場合の減価償却費には，本来のものと違い収益をもたらす対応性はありません。この資産設定には無理があると思われます。

両建てにするために除去費用を資産の原価に付加するのが合理的な処理かどうかは，大いに疑問となります。それを付随費用とみなそうというならば，すべての資産にも廃棄のコストを付加しなければならなくなります。資産の評価方式全体にもかかわる大きな問題に発展しかねないのです。

また費用の面でも，資産除去債務の場合は，減価償却費＋支払利息が費用となるので，費用額は逓増していきます。その分，利益計算にリース会計と似た影響をもたらすことになります。

ここにも，資産負債アプローチにもとづき資産・負債を重視したことで，費用・収益の計算にしわ寄せがいっていることがわかります。リース会計と同様に，投資家のための資産・負債情報の提供が，費用・収益の情報に歪みをもたらしているといわねばなりません。

クイズ＜問題２＞の正解は上で述べたように（３）です。（１）は資金の留保は行われていても，その額が資産除去債務の額とは異なるので，間違いです。引当金の場合は，その額が資金留保に相当する額となります。（２）は除去に費用のかかる資産のすべてに資産除去債務の表示が適用されるわけではないので，間違いとなります。

第14章

企業グループの会計

? クイズで考えよう

<問題1> 企業会計における企業グループの説明で正しいのはどれでしょうか？

（1）企業グループとは，持合株式によって結びついた企業集団のことをいう。

（2）企業グループとは，親会社と持株などによって支配される子会社から形成される企業集団のことをいう。

（3）企業グループとは，かつての財閥のような持株会社のことをいう。

（4）企業グループとは，下請け会社や系列会社を従えた企業集団のことをいう。

<問題2> 企業グループの会計は，親子会社の財務諸表を合計して作られる連結財務諸表によって表示されますが，それについて正しい説明はどれでしょうか？

（1）親子会社の資産・負債・純資産を合計するので，連結した純資産のところには親会社と子会社の純資産が並んで表示される。

（2）連結財務諸表は企業グループの姿を表示するので，個別財務諸表よりも情報量が豊富であり優れている。

（3）親子会社の財務諸表を合計して作られる連結財務諸表だが，それだけでは企業グループの姿をとらえることができない。

1 ▌企業グループと連結財務諸表

企業グループとは何か

　企業グループ（企業集団）とは，1社だけの個別（単体）の会社だけではなく，子会社や孫会社とともに全体として活動する企業の集団をいいます。現代の企業はほとんどすべてが，企業グループを作って経営活動を行っており，企業のリアルな姿をとらえるためには企業グループについて知る必要があります。

　例えば，トヨタ自動車には国内外に597社の子会社があります（2018年時点）。大変な数の子会社数ですが，子会社数のランキングではトヨタは11位です（1位のソニーは1,292社，2位の野村ホールディングスは1,285社，3位のNTTは944社です）。上場大企業の多くは巨大な企業グループを形成していると見なければなりません。

　トヨタは様々な種類の自動車を生産していますが，親会社のトヨタだけでなく，子会社でも生産しています。トヨタにはトラックやバスの生産部門はありませんが，日野自動車の株式を取得して子会社にしたので，子会社である日野自動車がトヨタの足りない部門を補う形となっています。同じようにトヨタには軽自動車の生産部門がありませんが，ダイハツ工業を子会社にしたことで，軽自動車もトヨタグループとして販売できるようになっています。このように，企業グループ全体を見ることで，トヨタ自動車の本当の姿を知ることができます。

　そうした企業グループに関する情報は，「有価証券報告書」の冒頭の「企業の概況」の部分に，比較的読みやすい形で表示されているので，是非見てみてください。

連結財務諸表とは何か

　企業グループの姿を会計の面でとらえるには，連結財務諸表を見ることが必要です。連結財務諸表とは，支配従属関係にある2社以上の会社からなる企業集団を単一の組織体とみなして，親会社が企業集団の財政状態および経営成績

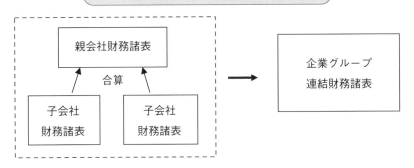

図1　親子会社の財務諸表と連結財務諸表

等を総合的に報告する目的で作成される財務諸表とされています。連結財務諸表は，図1のように，基本的に親会社と子会社の個別財務諸表を合計（合算という）して作られます（親子会社間の取引の相殺消去も行われます）。

　連結財務諸表は，アメリカで100年以上前から考案され使われるようになりました。私が研究してきたところによると，1870年代〜1890年代のアメリカの鉄道会社で連結財務諸表の萌芽となる計算書が作られたことが明らかとなっています（小栗崇資『アメリカ連結会計生成史論』日本経済評論社，2002年）。

　『会計学大辞典（第5版）』（中央経済社，2007年）の「連結財務諸表制度」の項目では，その起源についてこうした研究が採用され，次のように要約されています。

　「そもそも連結財務諸表の起源は，米国の鉄道会社に端を発すると言われている。米国では連邦レベルの会社法が存在しなかったが，鉄道会社はその事業の特性上，州をまたがる事業運営を余儀なくされる。このため鉄道会社の多くは州ごとに会社を設立し，それを管理する持株会社を設立した。当該持株会社は資金調達の必要性あるいは地域社会への財務公開のため，法人格を超越した連結財務諸表を作成したのである。」

　その後，アメリカでは1933年・1934年の証券取引法において連結財務諸表が主要な財務諸表と規定されるに至り，今日では連結財務諸表中心の会計公開制度が作られています。

　連結財務諸表は，子会社を使った粉飾決算を防ぐためにも作られます。親会社の赤字を子会社に移してしまえば，親会社が利益を上げたように粉飾できます。連結財務諸表であれば子会社も合算されるので，そのような偽装をすることはできなくなります。日本では，そうした粉飾決算事件がきっかけとなって連結財務諸表が導入されました。1975年に連結財務諸表原則が定められ，1977年から連結財務諸表が開示されるようになりました。

　その後，何度かの基準の改訂を経て，金融商品取引法会計における主要な財務諸表として，連結財務諸表が大きな役割を果たすようになってきています。証券市場では，企業グループの活動についての情報が投資家から求められます。個別企業ではなく，企業グループこそが真の企業の姿であると考えられるからです。そのため証券市場では連結財務諸表が不可欠となるのです。

2 ▌ 連結財務諸表の役割と情報開示

連結財務諸表の役割と課題

　現代の企業は企業グループによる経営を基本とするので，その全体像を明らかにすることが連結財務諸表の役割となりますが，それを要請するのは金融商品取引法であることに留意することが必要です。

　金融商品取引法は，証券市場での株価の基礎となる企業価値について情報開示することを求めています。そこでの企業価値とは企業グループの価値であり，それを表わすのが連結財務諸表です。投資家の意思決定のための情報を提供する役割を連結財務諸表はもっているのです。したがって連結財務諸表は，企業グループという形態をもつ企業の真の姿を社会に示すと同時に，投資意思決定のための情報を提供するという2つの役割をもっているということができます。

　その場合，投資情報として企業グループ価値を示すほうに重点が置かれるようになると，資産の時価と包括利益を中心とした情報開示に傾く可能性が生まれます。またグループを形成する個別の会社についての情報開示が希薄となる傾向も存在します。実際に親会社の個別財務諸表の簡素化が進んだ結果，以前はあった「製造原価明細書」が開示されなくなりました。連結財務諸表におい

ては，企業グループの状況を社会に知らせるために必要な情報開示についても求めていかねばなりません。

　例えば，OECDの提言「税源浸食と利益移転」は，各国にある子会社の租税支払についての報告を多国籍企業グループに要求しており，日本の国税庁はそうした企業グループの当局への税務報告を義務化しました。当局への報告にとどめず，さらに子会社の各国別租税支払について連結財務諸表において開示させることが必要であるといわねばなりません。そうした子会社情報は企業グループの経営を理解するうえで重要となります。

親子会社と持株会社

　トヨタ自動車の場合は，トヨタ親会社自体が自動車生産の事業を担い，その下に様々な製造会社や販売会社が子会社として存在する形の企業グループですが，最近は例えば，「セブン＆アイ・ホールディングス」というような「ホールディングス」という名前の付いた持株会社が多く見られるようになってきました。

　トヨタグループのような場合を，事業持株会社，セブン＆アイ・ホールディングスのような場合を純粋持株会社といいます（図2参照）。持株会社という名称は，いずれも親会社が持株によって子会社を支配していることからきていますが，親会社自体が事業をしているか，事業はせずに子会社の支配と管理のみを行うかの違いがあります。前者を親子会社，後者を単に持株会社ということも多いので，本書では親子会社，持株会社の用語を使いたいと思います。

図2　親子会社と持株会社

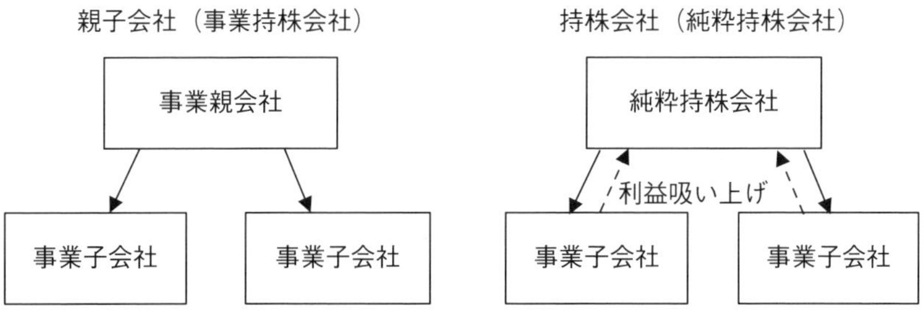

親子会社（事業持株会社）　　　　　持株会社（純粋持株会社）

どちらも企業グループの活動を知るには連結財務諸表が必要となりますが，親子会社の場合は親会社の情報も重要となります。トヨタの事例では，親会社トヨタの事業をさらに展開し，不足する部門を補完するような子会社との関係が親子会社間にあるので，その関係を見るには，親会社の個別財務諸表が不可欠だからです。しかし，セブン＆アイ・ホールディングスの場合には，子会社を支配・管理し，子会社から配当金を吸い上げるためだけの親会社なので，その個別財務諸表を見ても，事業の内容はまったくわかりません。したがって，持株会社の場合は連結財務諸表が中心とならざるをえません。

セグメント情報

その場合，連結財務諸表の注記にある「セグメント情報」が非常に重要となります。セグメント情報とは，企業グループの活動を事業別および地域別に分割した情報をいいます。子会社の情報を代替するのがセグメント情報であるといえます。セグメント情報によって初めて，企業グループの活動の全体像をつかむことができるということができます。それによってどの事業や部門にどれくらいの資産があり，どの程度の売上高（営業収益）や営業利益が上がっているかを知ることができます。次の表1は，セブン＆アイ・ホールディングスの事業別のセグメント情報です。この表を見ると，国内外のコンビニ事業のセグメント利益が連結利益の8割以上に達していることがわかります。

セグメント情報は，親子会社の場合でも重要です。トヨタ自動車の場合，事業別のセグメント情報はほとんど自動車の事業で占められていますが，地域別（所在地別）のセグメント情報が，グローバル化したトヨタの活動を表わすものとして大きな意味をもちます（表2参照）。地域別セグメント情報によって，様々な業種における各社の海外進出の比較をすることが可能となるからです。

連結財務諸表と国際会計基準

国際会計基準については第11章で学習しましたが，実は，国際会計基準は連結財務諸表を作成するための基準であるといっても過言ではありません。グローバル化した証券市場において，投資家は企業グループの活動についての情報を求めているからです。グローバルな企業であればあるほど，多国間にまた

表1　事業別セグメント情報（㈱セブン＆アイ・ホールディングスの事例）

当連結会計年度（自　2022年3月1日　至　2023年2月28日）　　　　　　　　　　（単位：百万円）

	報告セグメント						計	調整額	連結財務諸表計上額
	国内コンビニエンスストア事業	海外コンビニエンスストア事業	スーパーストア事業	百貨店・専門店事業	金融関連事業	その他の事業			
営業収益									
外部顧客への営業収益	888,216	8,843,366	1,444,627	460,564	164,898	9,068	11,810,741	561	11,811,303
セグメント間の内部営業収益又は振替高	2,077	2,797	4,537	3,174	29,397	16,976	58,960	△58,960	―
計	890,293	8,846,163	1,449,165	463,739	194,295	26,044	11,869,702	△58,398	11,811,303
セグメント利益又は損失（△）	232,033	289,703	12,107	3,434	37,140	△466	573,953	△67,432	506,521
セグメント資産	1,204,038	5,764,895	983,632	526,288	1,905,942	39,473	10,424,270	126,685	10,550,956
セグメント負債（有利子負債）	―	1,703,683	―	152,299	279,839		2,135,823	839,974	2,975,797
その他の項目									
減価償却費	85,553	192,968	35,389	14,034	32,227	950	361,124	14,973	376,097
のれん償却額	―	108,756	3,098	462	381		112,700	―	112,700
持分法適用会社への投資額	9,801	8,072	7,721	12,059	933	4,217	42,806	―	42,806
減損損失	8,918	9,816	15,589	13,331	78	92	47,826	1,124	48,950
有形固定資産及び無形固定資産の増加額	88,873	188,641	51,921	17,360	30,851	468	378,115	38,250	416,366

（出所）（株）セブン＆アイ・ホールディングス「有価証券報告書」2023年5月26日付

　がる企業グループの情報が不可欠となります。様々な会計基準の作成を通じて，どのような連結財務諸表を作るべきかを検討しているのが国際会計基準であるといえます。

　したがって連結財務諸表における資産・負債・純資産や収益・費用などの処理と表示には，次々と新しいやり方が国際会計基準を通じて導入されてきています。その結果，個別財務諸表と連結財務諸表では異なるやり方や表示が増えてきています。個別の損益計算書と連結の包括利益計算書の相違は，その典型といっていいでしょう。連結と個別の関係を EU のように「連単分離」でいくのか，日本が現在とっている「連結先行」でいくのかは，連結財務諸表の役割を考えるうえでも，大きな検討課題となっています。

当連結会計年度（2023年3月31日現在あるいは同日に終了した1年間）　　　　（単位：百万円）

	日本	北米	欧州	アジア	その他	消去又は全社	連結
売上高							
外部顧客への売上高	9,122,282	13,509,027	4,097,537	7,076,922	3,348,530	－	37,154,298
所在地間の営業収益	8,460,914	334,874	176,198	967,984	123,663	△10,063,633	－
計	17,583,196	13,843,901	4,273,735	8,044,906	3,472,193	△10,063,633	37,154,298
営業費用	15,681,733	13,918,637	4,216,276	7,330,455	3,240,832	△9,958,659	34,429,273
営業利益・損失（△）	1,901,463	△74,736	57,460	714,451	231,362	△104,974	2,725,025
資産合計	23,241,334	26,024,734	6,813,474	7,908,520	4,726,373	5,588,745	74,303,180
非流動資産	5,658,859	6,255,561	1,042,726	1,031,057	565,377		14,553,580

（注）1　「その他」は，中南米，オセアニア，アフリカ，中東からなります。
　　　2　非流動資産は金融商品，繰延税金資産，確定給付資産の純額および保険契約から生じる権利を含んでいません。

（出所）トヨタ自動車（株）「有価証券報告書」2023年6月30日付

　クイズ＜問題1＞の正解は上で見たとおり（2）です。（1）は，株式の持ち合いによって形成されたかつての6大企業集団を指す経済学的な意味の企業集団なので，間違いです。（3）は純粋持株会社のみを指しているので，間違いです。（4）も企業集団という場合もありますが，下請けや系列は取引上の上下関係から生まれるものなので，会計上の企業集団とは異なります。したがって間違いとなります。

3 ▌連結財務諸表の仕組み

連結範囲の決定

　連結財務諸表を作る第一歩は，どこまでを子会社とするかという連結の範囲を決定することにあります。一番わかりやすいのは，株式の保有比率で決めることです。議決権株式の過半数を保有している会社を子会社とする方式です。過半数を握れば，株主総会で多数決によって役員の選任や経営方針の決定に関して支配できるからです。トヨタ自動車の子会社となった日野自動車とダイハ

ツ工業の親会社トヨタの持株比率は，当初は50.36％と51.50％でしたが，50％超の過半数保有であるので，両者がトヨタの子会社となったことが確認できます（現在はダイハツ工業は100％所有の子会社となっています）。

持株比率で子会社を決定するルールを「持株基準」といいますが，この基準の欠点は形式的な点にあります。例えば，赤字子会社を連結からはずすために，持株比率を49％にして企業グループに生じた赤字を隠そうとする粉飾決算が過去に行われたりしました。

それを多少なりとも防ぐために現在使われているのが，「支配力基準」です。支配力基準とは，親会社による他の会社への実質的な支配がある場合に，それを子会社とする基準です。「支配」とは，企業の財務や事業の方針を決定する意思決定機関を支配することを意味します。その場合の支配は，50％以下の持株でも様々な方法で可能となります。議決権のある持株が40％以上の場合でも，役員の過半数を占めていたり，重要な意思決定を支配するような契約がある場合には支配とみなし，子会社とすることが求められます。

支配獲得時の連結貸借対照表

連結範囲の決定を経て子会社の支配が獲得されたとみなされると，連結財務諸表の中の連結貸借対照表の作成が行われます。子会社の株式を取得し，実質的な支配を獲得するのは，M&A（企業買収）などによって生じます。そうした別々の会社の事業が1つの報告単位となることを企業結合といいます。（企業結合には，取得した他の会社を子会社とせずに，自分の会社の1部門にしてしまう合併も含まれます）。様々な企業結合を扱うのが企業結合会計，子会社となる場合の企業集団を扱うのが連結会計ということになりますが，本書では子会社となる場合の連結会計について見ていくことにしましょう。

次の設例は，他の会社の株式を100％取得して子会社とするケースについてです。

<設例>
　親会社が7,200で取得した子会社の貸借対照表データは次のとおり。
　資産8,200　負債2,000　純資産6,200

168

資産中の土地（帳簿価額300，時価評価額1,000）

　まず，取得した子会社の資産を時価評価します。子会社の貸借対照表の純資産6,200は，企業の実際の値段を示すには不十分です。なぜかといえば，資産の中に時価評価し直さなければならないものがあるからです。資産を時価評価することにより，本来の企業の値段を示すことが可能となります。この設例で

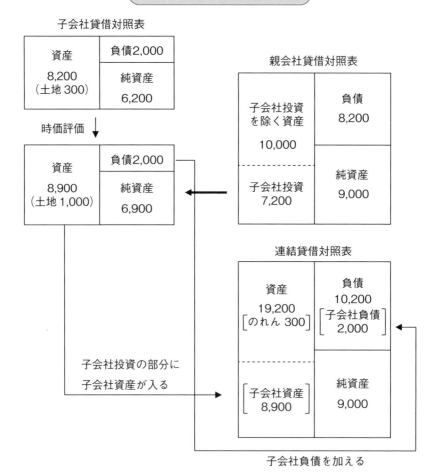

図3　連結貸借対照表の作成

は，土地を評価し直します。土地を300から1,000（700増加）に評価し直すので，資産総額は8,200から8,900に変わり，その結果，純資産は6,200から6,900となります。親会社は時価で6,900となる企業を買ったことになります。

　親会社は子会社の株式を7,200で取得したので，子会社の純資産6,900との間には差額が出ます。多くの場合の企業買収は，親会社が子会社の収益力を期待して買収するので，本来の値段より高く買うケースが多くなります。その際の買収差額を「のれん」といいます。

　そのうえで評価替えした後に，図3のように，子会社の資産・負債と親会社の資産・負債を合算して連結貸借対照表を作成します。

　その際，単なる合算では，親会社の子会社投資の部分と子会社の純資産の部分が二重計上になってしまいます。なぜならば子会社の純資産（資産と負債）を買った部分が子会社投資なので，子会社投資の部分を子会社資産に入れ替えるには，子会社資産だけを合算し，子会社負債を親会社負債に合算するだけでよいからです。

　このように，子会社純資産と親会社の子会社投資を相殺消去することを「資本連結」といいます。その際に出る差額が，上で述べた「のれん」です。したがって連結貸借対照表にはのれんが表示されます。

　その他にも，親子会社間におけるお金の貸し借りは企業グループの中だけのことなので，それらを相殺消去する「債権・債務連結」が行われます。また子会社の株式を親会社だけでなく，他の少数株主（非支配株主という）が保有している場合は，それを連結貸借対照表に表示しなければなりません。なぜならば，子会社の資産・負債をすべて合算するので，純資産の中の非支配株主の持分の部分が存在するからです。それを「非支配株主持分」として表示することとなっています。

その他の連結財務諸表

　連結貸借対照表のほかに作成され表示されるのが，以下の財務諸表です。

　　　連結包括利益計算書

　　　連結株主資本等変動計算書

　　　連結キャッシュ・フロー計算書

　　　連結付属明細表

　包括利益計算書についてもキャッシュ・フロー計算書についても，すでに述べていますので，説明を省きたいと思います。

　上のような連結財務諸表は，基本的にはこれまで学んできた，個別財務諸表の知識があれば読むことができます。しかし，連結財務諸表は国際会計基準の影響を受け，様々に変化してきています。日本ではアメリカ基準の連結財務諸表も認められているので，国際会計基準（IFRS）によるもの，修正 IFRS によるもの，日本基準によるものなどを含めて多様な連結財務諸表が作成・表示されています。これらを読むには，さらに国際会計基準やアメリカ基準などの知識も必要となります。また，連結財務諸表の中にある膨大な注記情報も読み解くには，新たな会計基準の詳しい知識が不可欠です。

　こうした要素をもつ連結財務諸表は，財務会計の上級編として学ばなければなりません。しかし，「習うより慣れろ」です。有価証券報告書に表示される連結財務諸表に機会があれば目を通して，企業グループの動向について関心をもって見ていきましょう。

　　クイズ＜問題２＞の正解は（３）です。（１）は間違いです。上で見たように「資本連結」が行われて，子会社の純資産は親会社の子会社投資分と相殺消去されるので，連結貸借対照表には表示されません。（２）は確かに連結財務諸表の情報量が多いので間違いとばかりはいえませんが，個別と連結の役割が違うので，どちらか一方を優れているとするのはやはり間違いであると思います。（３）のいうように，連結財務諸表だけでは企業グループの姿をとらえられず，個別財務諸表やセグメント情報など様々な情報を総合して見ていくことが重要となっています。

第15章

経営分析の方法

？ クイズで考えよう

<問題1> 安全性分析とは企業の支払い能力のレベルを見る経営分析の方法ですが，その説明で正しいのはどれでしょうか？

（1）支払能力は，現金の金額の大小で測ることができる。

（2）支払能力は，資産と負債や純資産の関係で測ることができる。

（3）支払能力は，有利子負債の金額の大小で測ることができる。

<問題2> 収益性の分析とは，序章で見た「資本利益率」（利益／資本×100%）のようなどのくらいの利益を得られるかの収益力を見る分析方法ですが，その説明で正しいのはどれでしょうか？

（1）資本利益率を高めるには，売上高を伸ばして利益を多くするのがよい。

（2）資本利益率を高めるには，分母の資本を減らすのがよい。

（3）資本利益率を高めるには，元手の資本を増やして利益を生む力をつけるのがよい。

1 ▌経営分析とは何か

　経営分析とは，公表された財務諸表やその他の報告書を分析の対象として，数値の解釈と一定の比率等の使用により企業の実態を明らかにする会計学の専門分野をいいます。

　経営分析は，先に見たように財務諸表の仕組みと内容を理解し，それぞれの項目の意味を解釈し推定することから始まります。その際に，新たな会計基準の導入による，項目の意味内容や数値の評価方法の変化なども見ておかねばなりません。項目と数値の背後に隠されたものを推理するのが，経営分析であるといってもよいでしょう。

　経営分析をするにあたってはまず財務諸表やそれに関連する資料を準備することが必要になります。第2章で述べた金融庁のウェブサイトであるEDINET（電子開示システム）から大企業約5,000社の「有価証券報告書」をダウンロードして財務情報を入手することができます。また各企業のホームページからも財務諸表等を得ることができます。「投資家情報」「IR情報」（IRはインベスターズ・リレーションの略）などのアイコンをクリックすると様々な企業・財務情報を見ることができるので試してください。

　経営分析はそうした財務諸表・財務情報について一定の期間や複数の企業の分をそろえることからスタートします。分析は，財務諸表の数値についての実数分析が基礎となります。それにより，実数を何年か並べて行う期間比較分析（趨勢分析ともいう），数社の実数を比べる企業間比較分析が可能となります。また実数を比率に換えて行う比率分析も必要となります。実数の場合，金額の大小が問題となり企業の規模に左右されますが，比率分析で見れば規模に関係なく企業の収益力や安全の度合いを判断することができます。

　歴史的に様々な経営分析の手法が開発されてきましたが，本章では基本的な比率分析について見てみましょう。比率分析とは，関連性のある項目間の比率を算定して1企業の期間比較や複数企業の企業間比較などを行い，企業の動向や状態を分析することをいいます。

　基本的な比率分析には，安全性分析，収益性分析などがあります。最後に内

部留保分析にもふれてみたいと思います。以下で詳しく検討しましょう。

2 ▌安全性分析

　安全性分析（または安定性分析）は，企業の安全性・安定性を評価するための比率分析です。安全性とは，企業にとって倒産などのリスクのないことを意味しますが，その中心は支払能力の大小です。企業は一般に，銀行などの金融機関からの借入れや取引先への債務などを抱えていますが，それら債権者に対して資金弁済の能力があるかどうかが問題となります。

　以下の比率は，そうした支払能力を様々な項目間の比較で測ろうとするものです。

流動比率

　流動比率は，流動資産と流動負債の比較によって支払能力を示そうとするものです。双方ともに１年以内ないしはそれに近い期間（正常営業循環）で，現金となったり現金で支払われたりする項目であるので，返済すべき流動負債に対して流動資産が十分に準備されているかどうかを見なければなりません。流動比率はそうした流動負債の弁済能力を見る比率で，次のような算式で計算されます。

$$流動比率（\%）= \frac{流動資産}{流動負債} \times 100$$

　流動比率は，一般に200％以上が理想であるとされますが，上場企業で200％に達している企業は３割程度であるといわれています。業種の平均と比較しながら，流動比率の推移を分析することが必要です。

当座比率

　流動負債の弁済をさらに確実に保障するのは当座資産です。当座資産が流動資産の中でもより換金性の高い資産であることは，すでに述べたとおりです（第

174

5章参照）。当座比率は，より高い支払能力の程度を当座資産と流動負債の比較により示そうとするもので，次の算式によって計算されます。

$$当座比率（％）＝\frac{当座資産}{流動負債}×100$$

　当座比率は，一般に100％以上が理想であるとされますが，流動比率と同様にそれに達している企業はあまり多くありません。売上債権も大きければいいというものではありません。当座資産は近年，小さくなる傾向にあります。現金預金（連結では現金及び現金同等物）の変動も影響してきます。当座比率の推移はそうした企業の動向を見ながら分析しなければなりません。

固定比率
　流動部分に続いて，次は固定部分にかかわる支払能力についてです。固定資産は本業の活動を支える設備投資などの基幹部分ですが，資金が長期に固定化されるので，その資金源が返済を必要とするかしないかは安定的な経営にとって重要な問題です。もっとも安全な資金は，返済を必要としない自己資本です。固定比率は，固定資産を自己資本（純資産）でどの程度支えているかを示す比率で，次の算式で計算されます。

$$固定比率（％）＝\frac{固定資産}{自己資本（純資産）}×100$$

　自己資本で固定資産をまかなうのが理想であるので，固定比率は100％以下が望ましいとされています。しかし実際は，上場企業の半分近くが100％を超えているといわれており，自己資本のみで固定資産を支えるのは難しくなっています。そこで，次の固定長期適合率が使われることになります。

固定長期適合率
　固定長期適合率は，自己資本だけでは足りない資金を補うために，社債や長

期借入金のような固定負債も加えて，固定資産を支える度合いを示すものです。固定負債は借入期間が長期にわたるので，固定資産の運用による収益からの返済も十分可能です。日本の企業は戦後，長期にわたって間接金融（銀行からの借入金）により設備投資を行ってきました。日本企業にとっては固定長期適合率のほうが，なじむ比率であるといえます。

固定長期適合率は，次の算式で計算されます。

$$固定長期適合率（\%）= \frac{固定資産}{自己資本（純資産）+固定負債} \times 100$$

固定長期適合率は，本来100％以下でなければなりません。100％を超えるということは，固定資産の一部を短期の借入れ資金で手当てすることを意味します。その場合，固定資産は短期に現金化しないので，短期借入れの返済をやりくりしながら，資金ショートを起こさないように経営を行わなければなりません。上場企業の2割強が100％を超える状況にあるとされますが，そうした場合，注意深く分析する必要があります。

自己資本比率

自己資本比率とは，総資本（総資産）に占める自己資本の割合を示すものです。自己資本は返済の必要のない資金であることから，企業全体に占めるそうした資金の割合は企業の安定性を示す重要な指標となります。また，自己資本は基本的に株主からの払込資本と留保利益から成り立っていますが，自己資本拡大の中心は留保利益であるので，自己資本比率は留保利益の蓄積度合いを間接的に示すものともなります。自己資本比率が高いほど，その企業は安全で内部留保の大きい企業であるということができます。

自己資本比率は，次のような算式で算定されます。

$$自己資本比率（\%）= \frac{自己資本}{総資本（総資産）} \times 100$$

　しかし，後に述べるような自己資本当期利益率（ROE）との関係で，次のような問題が生じます。ROE は当期純利益を分子，自己資本を分母として計算されるので，自己資本が大きくなると，ROE が低下し自己資本比率とは反比例の関係が生じます。ROE は株価予測の重要な指標であるとされるので，ROE を高めるには自己資本を低くしなければなりません。欧米の企業では，そのために低利の負債を増やすことも行われます。この点は，内部留保を拡大し続ける日本の企業のあり方を含めて検討しなければなりません。

　　クイズ＜問題１＞の正解は（２）です。上で見た比率のほとんどが，資産と負債，純資産の関係を表わしたものです。（１）（２）はいずれも金額の大小で支払能力を測るものではないので間違いとなります。

---

3 ▍収益性分析

　収益性分析とは，企業の収益力を示す収益性を評価するための分析をいいます。収益力とは利益を稼得する能力であり，企業活動に不可欠のものです。企業は，収益力がなくなれば，安全性も損なわれ倒産に至ります。収益力は企業に要求される根本的な能力であるといえます。利益は，すでに見たように，損益計算書で算出過程に沿って詳細に示されます。

　収益性は，貸借対照表と損益計算書とを関連づけて分析されます。そこでは主として資本との比較で様々な比率が使われます。収益性はまた，損益計算書をベースに分析されます。そこでは主として，売上高との比較で様々な比率が使われます。さらにそれと密接に関連して，資本運用効率も重要な役割を果たします。

　以下で，それぞれの比率を見ていきましょう。

資本利益率の分解

　資本利益率は，資本をベースに種々の利益を比較する指標です。企業活動の基本は，投下された資本を運用して利益を生み出すことにあるので，資本利益率は，企業の根幹となる収益力を表わすものといえます。資本利益率は，売上

高利益率および資本回転率と密接に関連しています。それは「資本利益率の分解」という形で表わされます。それは次のような関係となります。

資本利益率＝売上高利益率×資本回転率

資本利益率が売上高利益率と資本回転率に分かれるのが，「資本利益率の分解」です。これを算式で示してみましょう。

$$\frac{利\ 益}{資\ 本}=\frac{利\ 益}{売上高}\times\frac{売上高}{資\ 本}$$

つまり資本利益率は，売上高利益率と資本回転率の合成によって成り立つわけです。これは，資本利益率を高めるには，売上高利益率を高める方向と資本回転率を高める方向の2つがあることを示唆しています。売上高利益率は収益性を，資本回転率は資本運用効率を示す比率です。資本利益率はそうした比率を総合した企業力を表わす指標であるといえます。こうしたことから資本利益率は，企業にとってもっとも重要な管理指標とされています。具体的な比率について見てみましょう。

資本利益率

$$総資本営業利益率（\%）=\frac{営業利益}{総資本}\times100$$

総資本営業利益率は，投下された総資本（総資産）により生み出された営業利益の割合を示すものです。資本は企業に投下された資金量を意味するので，それがどう有効に（効率よく）本業の利益に結実したかを表わしているといえます。

$$総資本経常利益率（\%）=\frac{経常利益}{総資本}\times100$$

　総資本経常利益率は，投下された総資本により生み出された経常利益の割合を示すものです。総資本には本業の活動以外の金融活動にかかわる部分も含まれているので，総資本と比較するには経常利益が適しているといえるかもしれません。経営全体のパフォーマンスを表わすうえで有効な指標ということができます。総資本営業利益率および総資本経常利益率は，企業全体を示す総資本（資産合計）をどのように活用して経営したかを示すので，経営者の観点から見た利益率であるといえます。

$$自己資本当期利益率（\%）= \frac{当期純利益}{自己資本} \times 100$$

　自己資本当期利益率（株主資本利益率ともいう）は，株主の観点から見た資本利益率であるという特徴をもっています。総資本には外部からの資金（他人資本）も入っていますが，自己資本は株主の払込資本と留保利益からなっており，全体が株主の持分とされます。したがって，自己資本は株主資本（Equity）ともいわれます。当期純利益（Return）は株主資本の増加であるので，自己資本当期利益率は株主資本の増加の度合いを表わすことになります。株主にとっては，自分の持分の変化を表わす株主資本利益率がもっとも重要な指標であるといえます。

　株主資本利益率は英語で Return on Equity と表記され，頭文字をとって ROE と略称されます。ROE は株価を予想する重要な指標です。この指標は自己資本比率と反比例の関係にあります。ROE を分解すると次のような算式となります。

$$ROE = 売上高当期純利益率 \times 総資本回転率 \times 財務レバレッジ$$

$$ROE = \frac{当期純利益}{売上高} \times 100 \times \frac{売上高}{総資本} \times \frac{総資本}{自己資本}$$

　ROE を高めるには，自己資本をどの程度にするかが焦点となります。安全性を示す自己資本比率を高めると，自己資本が大きくなって ROE が下がって

しまいます。そのためには自己資本の額をある程度，抑えなければなりません。そこで，低利子の負債を借りて自己資本を減らす方策がとられます。どのくらいの自己資本をテコに総資本を動かすかを見る指標が，財務レバレッジという比率です。この分解式にもとづき各企業はそれぞれの財務戦略を練っていくのです。

売上高利益率

　資本利益率を分解すると売上高利益率と資本回転率になりますが，売上高利益率のほうは，売上高をベースにして種々の利益を比較する指標です。売上高は企業にとって利益の源泉となる出発点で，そこから様々な費用が差し引かれ，営業外や特別の損益が加減算されて利益が計算されます。売上高に対する利益の割合は，損益計算書の仕組みが示す企業の努力と成果の程度を表わすものでもあります。それぞれの利益の特徴についてはすでに第8章で述べたので，比率の算式とその意味を関連する指標にもふれながら見てみましょう。

$$売上総利益率（\%）＝\frac{売上総利益}{売上高}×100$$

　売上総利益率は，商品や製品そのものの収益力を示します。販売力のある商品・製品を開発した場合や原価削減を実現した場合には，売上総利益率は高くなります。原価に焦点を当てる場合，売上原価を分子にした売上原価率も使われます。最近はコストの切り下げで利益率を高めようとする傾向が強くなってきています。

$$売上高営業利益率（\%）＝\frac{営業利益}{売上高}×100$$

　売上高営業利益率は，本業による収益力を示します。売上総利益から販売費及び一般管理費（「販管費」と略称）を差し引いたものが営業利益であるので，販管費の大小は大きく関係します。販管費を分子にした売上高販管費率も使わ

れます。また人件費を取り出して売上高人件費率を計算する場合もあります。

$$売上高経常利益率（％）＝\frac{経常利益}{売上高}×100$$

　売上高経常利益率は，企業の経常的な活動，すなわち本業と本業以外のものを含めた総合的活動による収益力を示します。営業外損益の中心は金融損益ですので，経常利益率が営業利益率を上回った分は，その企業の金融活動による収益力を表わすと見ることができます。

$$売上高当期利益率（％）＝\frac{当期純利益}{売上高}×100$$

　売上高当期利益率は，企業の最終的な収益力を示すものです。特別利益・特別損失のような臨時の損益が加わっているので，企業間比較などにはあまり有効ではありません。しかし，当期純利益が株主への配当や内部留保の源泉となるので，当期利益率の推移は利益処分の動向を見るうえで重要なものとなります。

回転率

　資本利益率を構成するもう1つの資本回転率は，資本運用効率を示す比率です。回転率の基本は，常に分子に売上高が置かれるという点にあります。分母に入るものが何回繰り返されれば（何回分で）売上高に達するかを表わすことから回転率と呼ばれるようになりました（したがって単位は回です）。それが資本であれば，次のような総資本回転率となります。

$$総資本回転率（回／年）＝\frac{売上高}{総資本}$$

　スリムな資本で多額な売上高を得ることができれば，総資本回転率は高くな

るというように，回転率は運用効率を示します。

　分母に棚卸資産や売上債権，有形固定資産などを入れて，それぞれの回転率を示すこともできます。分母に入る項目の金額が小さい場合は，年間売上高ではなく月間の売上高（月商という）や1日の売上高（日商という）を使います。棚卸資産回転率の例で示すと，次のようになります。

$$棚卸資産回転率（回／月）＝\frac{月\,商}{棚卸資産}$$

　また回転率の分母と分子を逆にすると，回転期間を示すものとなります。棚卸回転期間の例では，次のようになります。これは，棚卸資産が月商の何カ月分に相当するかを表わします。

$$棚卸資産回転期間（月）＝\frac{棚卸資産}{月\,商}$$

　以上のように，分析の目的に応じて様々な比率を使いこなさなければなりません。

　これまで述べてきた安全性分析や収益性分析の比率は，経営分析の基本となるものです。その他に，成長性分析，生産性分析，支払能力分析，損益分岐点分析，蓄積分析，企業価値分析などがあります。また，実際の分析ではさらに応用が必要となりますが，まずは基本を理解して応用のための基礎力を養いましょう。

　💡クイズ＜問題2＞の正解は（1）と（2）です。上で見たように，資本利益率は売上高利益率と資本回転率に分解できます。売上高を増やして利益を高める方法もあれば，資本の運用効率を高めるために資本を減らしてスリムにする方法もあります。そのどちらを選ぶかは，その企業の経営判断によって異なります。このような資本利益率の分解はアメリカの化学メーカーのデュポン社によって考案され，経営戦略に生かされたのでデュポンシステムとも呼ばれて

います。（３）は間違いです。資本を増大させても，利益の増大につながらない場合があるからです。

4 ■ 内部留保分析

内部留保とは何か

　内部留保とは，経済学における資本蓄積（利益の資本への転化）を会計面でとらえた概念で，会計学では基本的に留保利益を指します。しかしそれは公表された利益であり，さらに隠れた実質利益を加えた全体のことを内部留保といいます。内部留保分析は，企業がどれくらいの利益および利益相当分を企業内部に蓄積しているかを明らかにする経営分析の方法で，蓄積分析ともいわれます。企業の体力を表わすとともに，内部留保をどう活用しているかも含めて，企業の発展の到達段階を表わします。近年では大企業における過大な内部留保の存在が問題となっており，それをどう社会の中で有効に活用すべきかが大きな検討課題となっています。

内部留保の全体像

　図１にあるように，内部留保は基本的に３つの計算の過程から生まれると考

図１　内部留保の全体像

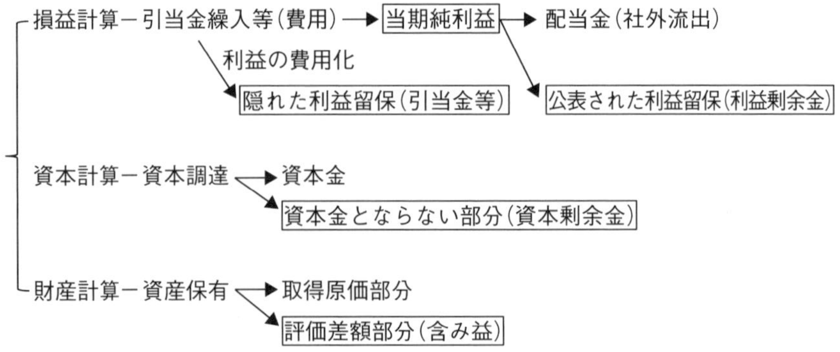

損益計算－引当金繰入等（費用）　→　当期純利益　→　配当金（社外流出）
　　　　　利益の費用化
　　　　　　　隠れた利益留保（引当金等）　公表された利益留保（利益剰余金）

資本計算－資本調達　→　資本金
　　　　　　　資本金とならない部分（資本剰余金）

財産計算－資産保有　→　取得原価部分
　　　　　　　評価差額部分（含み益）

えられます。

　第1は，損益計算の過程からの内部留保です。損益計算においては「収益－費用＝当期純利益」というように収益から費用が控除されて当期純利益が計算されますが，1つは当期純利益が計算された後，配当金等が社外流出した後に，社内留保分が利益剰余金となることから生まれる内部留保です。この留保は誰もが認める公表された利益留保であることから，公表内部留保と呼ばれます。

　もう1つが，当期純利益を計算する前段階において生まれる内部留保です。それは，費用の名目で差し引いた利益を企業内部にストックすることから生まれる，引当金等のような内部留保です。これは先に述べた「利益の費用化」ですが，利益の費用化による内部留保は損益計算の過程に隠されているという意味で，隠れた利益留保ということができます。

　隠れた利益留保は，以下に述べるその他の項目とともに実質内部留保と呼ばれます。引当金や特別法上の準備金がそうした役割をもつ内部留保項目であることは，日本銀行の「主要企業経営分析」や財務省の「法人企業統計」でも内部留保として処理されていることに示されるように，一般にも周知のこととなっています。

　第2は，資本計算の過程からの内部留保です。資本調達の際に，株主からの払込資本は原則的には資本金とすべきとされますが，これまでその一部は資本金ではなく資本剰余金（資本準備金）に組み替えられてきました。2006年の会社法では，その他資本剰余金は利益剰余金と同じく分配可能な剰余金となり，資本準備金もその他資本剰余金に組み替えることによって分配することが可能となっています。こうした規定にもとづけば，今日では制度的に資本剰余金は分配可能な存在となったと見ることができます。現に多くの企業で，赤字の場合に資本準備金を取り崩して配当に充てる実務がなされていることは，すでに述べたとおりです（92ページ参照）。このような制度と実態から見れば，資本剰余金は実質内部留保の重要な項目として位置づけねばなりません。

　第3は，財産計算の過程からの内部留保です。現代の会計においては時価評価会計（公正価値会計）が適用されますが，そこでは保有資産・負債について時価評価がなされ評価差額（その他の包括利益）が計算されます。留保される利益を実現利益に限定せず，経済学的な利益に近いものとして広義に理解すれ

ば，資本（純資産）の部に示される評価差額等は内部留保ということになります。利益を広義にとらえることで評価差額等を広義の内部留保として位置づけることができます。

内部留保となる項目

　以上の観点に立てば，公表内部留保は利益剰余金からなり，実質内部留保は，次のように利益剰余金，資本剰余金，引当金・特別法上の準備金，評価差額等からなると見ることができます。

```
公表内部留保──▶利益剰余金──純資産の中で表示
実質内部留保──▶利益剰余金──純資産の中で表示
              資本剰余金──純資産の中で表示
                      資本準備金，その他資本剰余金
              負債性引当金───固定負債の中で表示
                      退職給付引当金，投資損失引当金など
              特別法上の引当金・準備金───業法で定められたもの
                      原子力発電施設解体引当金，商品取引責任準備
                      金など
              貸倒引当金───流動資産・固定資産の中で控除形式（△）で表
                      示
              土地や有価証券の含み益───純資産の「評価・換算差額等」
                      その他有価証券評価差額金，土地再評価差額金
```

内部留保による日本経済の分析

　内部留保分析は個別企業の財務諸表だけでなく，法人企業統計を使っても行うことができます。会計データの分析によって日本経済の現段階も分析することが可能となるのです。その分析の一端を見てみましょう。

　表1は，資本金10億円以上（金融保険業を除く）の会社約5,000社の法人企業データから計算したものですが，2001年から2022年までの22年間の財務状況の変化を示しています。大企業の内部留保が過剰に蓄積され，投資の構造が大

きく変化していることが表１には現れています。日本経済は2000年頃から体質が変わったといわれていますが，その点を分析してみましょう。

　投資の推移を見ると，資産合計が186.9％の比率で増大したのに対し，設備投資を表わす有形固定資産はほとんど増えず101.5％にとどまっています。2000年までは有形固定資産は増加し続けてきましたので，2001年をピークにして停滞状態に陥ったと見ることができます。その反対に金融投資（子会社投資を含む）を表わす短期の有価証券と長期の投資有価証券は増大しています。特に投資有価証券は364.7％と異常な比率となっています。

　日本国内では，2000年以降，大企業は設備投資ではなく，金融投資に資金の投下先を転換し金融で稼ぐ方向に進んできたといえます。その結果，表１では示していませんが，営業外収益（金融収益）が増え，営業利益の倍近い経常利

表１　大企業（資本金10億円以上，約5,000社）の主要項目の推移

（単位：兆円）

主要項目・関連項目	2001年	2022年	01年対22年
流動資産	223.0	412.9	185.2%
現金・預金	37.4	81.5	217.9%
有価証券	7.6	9.0	118.4%
固定資産	368.0	691.7	188.0%
有形固定資産	217.9	221.1	101.5%
投資有価証券	86.8	316.6	364.7%
資産合計	591.4	1,105.3	186.9%
配当金	3.1	24.6	793.5%
従業員給付	52.0	52.9	101.7%
従業員数（人）	6,810,483	7,235,589	106.2%
従業員１人当たり給付（万円）	764	731	95.7%
公表内部留保（狭義）	84.7	280.4	331.1%
実質内部留保（広義）	167.8	416.0	247.9%

（出所）財務省「法人企業統計」各年度版からのデータにより作成

益を，大企業は享受する状況となっています。また金融投資の中の子会社投資，特に海外での子会社投資が増大しています。金融収益の中には子会社からの配当が多く含まれるようになっています。

　分配の推移を見ると，株主への配当金は793.5％に激増しているのに対し，従業員給付の総額（賃金給料・賞与プラス福利厚生費）は101.7％とほとんど伸びていません。それどころか1人当たりの給付を計算してみると，764万円から731万円（95.7％）へと下がっています。日本はほかの先進国と比べて唯一，賃金給料が減った国となっています。2001年からの22年間は株主への分配は手厚くしているのに対し，従業員への分配は実質的に減らしてきているのです。

　そして，公表内部留保は331.1％の280.4兆円，実質内部留保は247.9％の416.0兆円に達しています。資産合計に占める公表内部留保の割合は25％超，実質内部留保の割合は40％近い段階に至っています。バブル期ですら12％程度だったことと比べると，いかに21世紀に入ってからの内部留保の蓄積が異常なものであるかは明白です。

　従業員給付の切り下げや法人税減税から回ってくる利益が，そのまま巨額の内部留保に組み込まれたというほかありません。まさに富の偏在とそれによる格差が広がっていることが，内部留保の分析を通じて明らかとなります。皆さんも経営分析の方法を使って，是非，様々な問題を検討してみてください。

索　引

■著者略歴

小栗　崇資（おぐり　たかし）

1950年　愛知県に生まれる
1973年　中央大学法学部卒業
1988年　明治大学大学院商学研究科博士後期課程満期退学
1988年　鹿児島経済大学経済学部講師，日本福祉大学経済学部助教授，教授を経て
2000年　駒澤大学経済学部教授（〜2020年3月末）
2003年　博士（商学）（明治大学）
2020年　駒澤大学名誉教授，現在に至る

■主要著書

『株式会社会計の基本構造』中央経済社（2014年度会計理論学会賞受賞）
『アメリカ連結会計生成史論』日本経済評論社（2003年度日本会計史学会賞受賞）
『会計のオルタナティブ』（共編著）中央経済社
『内部留保の研究』（共編著）唯学書房
『新世紀の企業会計論』（共著）白桃書房
『国際会計基準を考える―変わる会計と経済』（共編著）大月書店
『内部留保の経営分析』（共編著）学習の友社

コンパクト財務会計（第2版）
―クイズでつける読む力―

2016年4月20日　第1版第1刷発行
2023年4月5日　第1版第8刷発行
2024年3月10日　第2版第1刷発行

著　者　　小　栗　崇　資
発行者　　山　本　　　継
発行所　　㈱中央経済社
発売元　　㈱中央経済グループ
　　　　　　パブリッシング

〒101-0051　東京都千代田区神田神保町1-35
電　話　03（3293）3371（編集代表）
　　　　　03（3293）3381（営業代表）
https://www.chuokeizai.co.jp
印刷／文唱堂印刷（株）
製本／（有）井上製本所

©2024
Printed in Japan